竖屏

短视频营销品效合一 硬核方法论

头条易 著

VERTICAL VIDEO
MARKETING METHODOLOGY

随着移动互联网和智能终端的普及，用户的时间和注意力已从横屏转移到竖屏，竖屏营销的覆盖范围极速扩张。正处于流量红利爆发期的竖屏短视频，已成为不容错过的营销价值高地，也是品牌打造与用户新型社交关系的绝佳阵地。在竖屏营销时代，品牌主已不再满足于品牌声量的铺排，转而追求品效合一的传播效果。如何借助短视频营销来实现效益的最大化？如何更高效地打造沉浸式内容体验与闭环营销？本书对短视频行业、平台趋势、抖音品牌营销、电商带货与品效合一等问题进行了全面梳理与解读，并针对竖屏营销的痛点提供了一系列解决方案。从书中，读者能更清晰地把握短视频发展的动态走势，打开短视频营销新思路，实现营销效能"从0到100"的进阶。

图书在版编目（CIP）数据

竖屏：短视频营销品效合一硬核方法论／头条易著.
—北京：机械工业出版社，2019.12
ISBN 978-7-111-64238-1

Ⅰ.①竖… Ⅱ.①头… Ⅲ.①网络营销 Ⅳ.①F713.365.2

中国版本图书馆CIP数据核字（2019）第263662号

机械工业出版社（北京市百万庄大街22号　邮政编码100037）
策划编辑：侯春鹏　　　　　　　责任编辑：侯春鹏　坚喜斌
责任校对：梁　倩　陈　越　　　责任印制：孙　炜
北京联兴盛业印刷股份有限公司印刷
2019年12月第1版第1次印刷
155mm×235mm·15.75印张·1插页·224千字
标准书号：ISBN 978-7-111-64238-1
定价：68.00元

电话服务　　　　　　　　　　　网络服务
客服电话：010-88361066　　　　机　工　官　网：www.cmpbook.com
　　　　　010-88379833　　　　机　工　官　博：weibo.com/cmp1952
　　　　　010-68326294　　　　金　　书　　网：www.golden-book.com
封底无防伪标均为盗版　　　　　机工教育服务网：www.cmpedu.com

前 言

随着移动互联网的普及,用户的终端设备已经完成了从 PC 端向移动端的大规模迁徙。传统横屏如电视、PC 的开机率持续走低,而用户移动终端的使用时长不断攀升。竖屏开启了一个全新的时代。用户,尤其是年轻用户几乎所有的碎片时间都花在了移动终端上。如果说互联网经济的本质是对用户时间和注意力的争夺,那么竖屏必然成为未来营销争夺的流量洼地。

从横屏到竖屏,人们对视频的需求发生了转变,从过往单向的看客,演变为互动的参与者。视频新进化出的社交属性让人在精神上成瘾,用户无意识地在竖屏内容上花费时间。互联网视频市场的新风口也逐渐从传统"爱优腾"转移到如今炙手可热的抖音、快手等短视频平台。这对广告营销来说,也意味着一次前所未有的革新。

得益于抖音、快手等短视频 App 的快速成长,短视频逐渐获得各大平台、资本和 MCN 机构的青睐,不断有创作者和企业入局求发展,让竖屏营销的覆盖范围极速扩张,影响力越来越大,形成良性循环。

相关数据显示,智能手机用户有 94% 的时间将手机竖版持握而非横版。竖屏视频相较横屏视频,播放完成率提升了 9 倍,视频注意力提升了 2 倍。同时,竖屏内容相对于横屏内容点击效果提升了 1.44 倍,互动效果提升超过 4 成。

种种迹象显示,竖屏营销时代即将到来!

竖屏营销从 2018 年下半年开始持续升温,一直到 2019 年成为营销圈层的核心武器之一,除了自身优势之外,也离不开移动互联网经济快速迭代和经济周期大环境的影响:

1. 以移动支付、小程序、电商合作等为代表的互联网基础设施的完善,让消费决策的路径大大缩短;

2. 市场周期下行，大环境遇冷导致甲方预算缩紧，投放决策的目标导向性更强，主流品牌对营销KPI的要求不仅是流量和曝光，更多地偏向转化和增长；

3. 整个广告投放产业竞争惨烈，持续不断的方向性探索和认知升级，让产业链的关注点集中在投放效果层面；

4. 完善的广告数据分析工具和可视化结果，令广告投放的效果足够明晰，企业可以明白自己投放的钱到底花在了哪里以及带来了多少销售转化。

以抖音为代表，竖屏营销成了商业社会物竞天择的自然选择，代表了广告圈朴素无华的实用主义。

有太多的理由，造成了企业搭乘竖屏营销这趟快车的紧迫感：

1. 重塑自身定位。对年轻化、品效合一的追求促使企业在日新月异的新媒体环境下不断调适着自身定位；

2. 引导用户参与互动。良好的视频创意、文案内容以及互动设计是抖音营销学的新课题，已经有很多竖屏营销案例珠玉在前。品牌主期待用互动加深用户对品牌的认知；

3. 追求品效合一。竖屏营销时代，品牌主已不满足于品牌、声量的铺排。流量空跑的焦虑之下，效果转化的需求愈发强烈。抖音强势发力，效果产品、明星光环、转化组件……不断为品牌主制造着品效合一的惊喜。

以抖音挑战赛为例，这种"流量大咖示范+圈层达人渗透+普通素人扩散"的竖屏营销方式具有很强的爆发性和互动性，能够引发全民参与并带来自来水式传播，形成良好的口碑效应。

在技术的加持下，创意的天花板被突破。抖音上各种音乐、特效、滤镜以及人脸识别、体感识别、语音识别、AR贴纸等技术，易于操作，使用门槛低，在提升用户美好体验、驱动用户参与创作的同时，也为品牌合作提供了更多创新营销的想象力。

抖音用户自发的多样化创意，为营销提供了"抖感"的活动和内容，同时朝着"新生×原生×共生"转变。

然而，很多企业做竖屏营销，要么老套地"拍大片"，要么简单粗暴找网红，没有深入研究竖屏营销方法论，"雷声大雨点小"，花大钱，效果却不一定好。

所以也出现了这样一种说法——"一入抖音深似海"。即各种创新玩法让品牌主们眼花缭乱，但真正实操起来，却发现根本玩不转：明明按照爆款内容套路做的短视频，为什么就是不火？内容也做了不少，为什么粉丝就是不见涨？更重要的是，如何在抖音平台做出更有效的营销、更精彩的创意？

头条易作为今日头条全域内容营销平台，致力于为品牌主和流量主提供全方位服务，平台已入驻头条号超过10万个。

同时，头条易是短视频MCN专业机构和抖音官方授权的全效服务商，旗下拥有众多抖音达人和头部IP，目前已孵化、签约IP超过300个，总粉丝量2亿。

背靠完善的短视频团队配置、专业的策划制作能力、丰富的IP孵化和客户服务经验，头条易在过去一年已为汽车、文旅、互联网、电商、游戏、3C等多个行业的品牌主提供了抖音商业创意和原生内容营销服务。

头条易在实践中洞察到竖屏短视频在移动互联网时代的表达优势，提炼出内容营销的方法论。继《新引爆点：抖音运营从0到1实战指南》之后，头条易再次推出《竖屏：短视频营销品效合一硬核方法论》一书，针对品牌主的痛点提供了一系列解决方案。

比如作为品牌传播的重要组成部分，企业蓝V是怎样闪闪发光的？2019年抖音有哪些年度发现？如何通过"三域"流量在抖音平台上完成闭环流量收割？优质内容得到系统推荐后，如何实现更多曝光？

爆款视频离不开创意营销的加持。抖音营销"三象限"创意法提到竖屏营销需要将"主题相关度""创意原生度""植入软性度"作为考量维度。

抖音电商闭环飞速成熟，花西子雕花口红、某品牌电动牙刷等抖音爆品背后有着怎样的电商带货"秘籍"？分析这些产品在抖音上的表现，头

V

条易提出了抖音电商带货 4C 方法论，分别是媒介策略（Characters）、内容策略（Core value）、引流策略（Cart-shopping）、利益策略（Coupon）。

对于品牌主而言，品效合一是最终目的。抖音如何将自身打造成现象级短视频爆款的"高发地"，实现品牌营销价值的最大化？本书将以小米手机、某品牌牙膏、屈臣氏等案例进行分析，并给出以小博大的落地方案。

工欲善其事，必先利其器。《竖屏：短视频营销品效合一硬核方法论》对短视频行业、平台趋势、抖音品牌营销、电商带货与品效合一等，进行了全面梳理与解读。从中，品牌主或能更清晰地把握短视频行业走势，打开短视频营销新思路，实现营销效能"从 0 到 100"的进阶。

正处于流量与创新红利爆发期的短视频，已成为品牌不容错过的营销价值高地，是品牌与用户打造新型社交关系、"融合共创"的绝佳阵地。

回顾历次科技革命，每逢具有颠覆性的新技术应用到实践之中，不但传统产品面临着被替代的命运，更会冒出新兴产业和新物种以"降维打击"的方式对老产业进行摧枯拉朽般的毁灭。年轻一代的生活方式代表着未来的消费趋势，他们对竖屏的拥抱意味着内容产业以及相关的营销行业会迎来新的革命。随着 5G 时代的到来，竖屏短视频在不久的未来会如何演变，我们仍须拭目以待。但毫无疑问的是，我们对竖屏营销越早拥抱，就能越早地接触到营销的未来。

头条易希望借助方法论及实践经验助力品牌更高效地打造沉浸式内容体验与闭环营销，实现品效合一。对竖屏营销多一点学习，就多一点优势。我们的目标是：助力有志于玩转竖屏营销的企业先抖起来！

目 录

前 言

第一章

趋势分析：短视频成为移动营销的重要入口　　001

第一节　短视频价值新趋势：从有趣到有用 // 001

一、从有趣到有用，抖音营销价值凸显 // 001

二、快手和抖音：短视频德比 // 006

三、短视频成为泛娱乐行业主力军 // 011

第二节　数据发现：爆款短视频气质养成 // 016

一、500万+点赞爆款视频分析——政务号 // 016

二、500万+点赞爆款视频分析——明星号 // 023

三、300万~500万点赞爆款视频分析 // 026

四、闪闪发光的企业蓝V // 039

五、抖音2019年度五大发现 // 058

第三节　竖屏营销五部曲 // 065

一、直击受众：挖掘垂类潜能，聚焦细分人群 // 068

二、搭建关系：搭乘精品内容，营造品牌信任 // 069

三、拥抱技术：借力技术创意，制造品牌超验感 // 069

四、引领分享：明星达人引领，助力品牌声量裂变 // 070

五、营销转化：建立自有阵地，构建长效营销生态 // 071

第二章

品牌营销：玩转竖屏三域流量　　072

第一节　私域流量 // 072
一、"三域理论"营销流量场 // 072
二、蓝 V 运营全攻略 // 074
三、蓝 V 账号矩阵搭建心法 // 082

第二节　公域流量 // 090
一、内容营销赋能商业化 // 090
二、抖音公域流量的原生价值 // 090
三、如何俘获抖音公域流量 // 091

第三节　商域流量 // 108
一、抖音商域流量的效能与特点 // 108
二、抖音商域流量之品牌广告策略 // 109
三、抖音商域流量之效果广告策略 // 116

第四节　营销创意 // 118
一、抖音爆款视频背后的 8 种创意类型 // 118
二、抖音营销三象限创意法 // 133

第三章

电商带货：4C 硬核方法论　　141

第一节　抖音带货视频类型分析 // 141
一、评测视频：李佳琦 VS 花西子雕花口红 // 141
二、种草视频：@呗呗兔 VS 某电动牙刷 // 145
三、剧情视频：@叶公子 VS 佳洁士热感牙膏 // 149

第二节　抖音电商带货 4C 方法论 // 152
一、媒介策略：精准选号 // 152

二、内容策略：核心卖点 // 156

三、引流策略：标配购物车 // 158

四、利益策略：配置优惠券 // 159

第三节　四级数据分析 // 160

一、互动数据 // 160

二、购物车点击量及进店量数据 // 160

三、商品、店铺收藏数据 // 162

四、购买转化数据 // 163

第四节　辅助带货工具 // 164

一、购物车 // 164

二、抖音小店 // 167

三、抖音 Link // 168

四、POI // 170

第五节　直播带货风口 // 173

一、千亿直播电商风口下，主播如何养成 // 173

二、千亿直播电商风口下，"货的进击" // 183

第四章

品效合一：品牌营销终极目的　196

第一节　三大案例解析 // 196

一、小米手机：#百万寻找战斗天使 // 196

二、某牙膏品牌：#抖出你的净白范儿 // 202

三、屈臣氏：#2019做自己美有道理 // 207

第二节　品效合一组合 // 211

一、信息流+购物车：定向投放+购买方式 // 212

二、达人视频+信息流+购物车：粉丝基数+定向投放+
购买方式 // 213

三、达人视频＋转化组件＋DOU＋：粉丝基数＋购买方式＋
覆盖人群 // 214

四、超级话题（挑战赛）＋热搜＋外跳电商：强势流量＋
强势入口＋转化 // 216

第三节 如何最大化实现明星号品效合一 // 218

一、明星抖音号的优势 // 218

二、明星抖音号如何选 // 221

三、品牌与明星的短视频营销合作方式 // 223

第四节 经费配置预算方案 // 229

一、月度预算10万元怎么玩抖音 // 229

二、月度预算30万元怎么玩抖音 // 234

三、月度预算100万元以上怎么玩抖音 // 239

第一章
趋势分析：短视频成为移动营销的重要入口

第一节 短视频价值新趋势：从有趣到有用

一、从有趣到有用，抖音营销价值凸显

随着大众阅读习惯从图文向视频转移及碎片化阅读的趋势加剧，短视频平台成为品牌营销重镇。QuestMobile 数据显示，2019 年 2 月短视频应用已经成为移动互联网第二大类应用，短视频正在以势不可挡的趋势重构移动互联网格局。短视频应用成为中国用户获取视频内容的主要渠道之一，活跃渗透率大幅提高。

（一）高歌猛进"下沉市场"

短视频赛道的竞争主要在抖音和快手之间展开。

2018 年年初相关数据显示：抖音在一二线城市的渗透率比快手高，快手在三线以下城市渗透率高于抖音，两大平台的用户群体几乎全面覆盖各个层级的城市。

用快手内部人士的话来说：快手的用户覆盖整个用户金字塔，而抖音的用户可能更集中于金字塔的腰部以上。然而此后的一年多，抖音用户的"下沉"速度超出了所有人的想象。

数据来源于 QuestMobile

QuestMobile 数据显示，截至 2019 年 6 月，抖音和快手的重合用户规模较去年同期已经翻番，从 7270 万变为 1.58 亿，这意味着二者在用户争夺上的竞争进一步加剧。

得益于内容的日渐多元化，抖音平台的覆盖人群越来越广泛。据 Mob 研究院数据显示，目前抖音一线城市用户占比为 10.1%，二线为 29.2%，三线为 22.8%，四线为 27.6%，五线为 10.3%。

和深度下沉的快手相比，抖音用户在各级城市中分布较为均衡，尤其三线城市以下用户数量大有迅速增长的趋势。随着下沉市场消费升级进程的加速推进，这部分短视频重度用户所传达出的消费意愿尤为旺盛。相较于大城市人群在房贷负累之下，下沉市场人群"有钱""有闲"，实际购买潜力巨大。

虽然他们的收入和消费绝对值不高，消费意愿却很旺盛。QuestMobile 的数据显示，2019 年 6 月社会消费品零售总额增长 9.8%，并且保持增长态势，这很大一部分得益于农村消费力的提升。在人均可支配收入及人均消费支出上，农村居民的增长速度均高于城镇居民。

第一章 趋势分析：短视频成为移动营销的重要入口

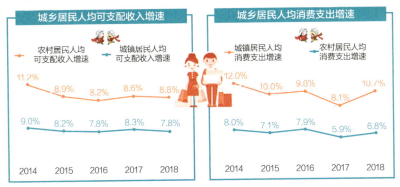

下沉市场：农村地区消费升级进程加速

农村地区人群收入和消费绝对值不高，但增速优势明显，传达出更为旺盛的消费意愿

来源：国家统计局。Mob研究院整理。

以电商为例，移动购物平台一年以来行业新用户净增7000万，基本上都来自下沉市场。

如今，品牌主和渠道商敏锐地预见了抖音电商的广阔前景。抖音电商以流量运营为基础，KOL（关键意见领袖）通过优质内容种草带货，为营销变现提供了更好的出路。

如同打开了"刺激消费"的阀门，抖音一路高歌猛进，"内容+KOL+电商"模式成为吸引下沉用户的有效手段。

（二）抖音创造营销想象新空间

伴随着下沉市场的强力拼抢，与2018年相比，用户观看抖音短视频已经从"碎片化驱动"转向"行为化驱动"，看抖音成为许多人日常生活的一部分。

新形势下，抖音有哪些新的营销想象空间，品牌主又该如何携手抖音做营销？

实际上，做营销更多的是做用户连接。通过一个载体、一些形式，把用户串联在一起。要使受众变成用户，就要观察他们对于生活的需求；通过内容营销，建立与他们之间的关系；要红人种草，就要让这个品牌与红

003

人一起植入用户内心。所以这不仅仅是品牌主的媒体传播策略，更是用户的连接策略。

研究发现，品牌主在营销中面临模式趋同、缺乏共情、接受度低等难题，这些问题背后的根本原因是对营销过度追求效率，忽视了与用户的共鸣和互动，无法实现连接。

因此，2019年抖音商业进阶主要从用户体验升级、构建应用层产品和追踪品牌影响力三个层面出发，实现商业产品的创新进化。

首先，在商业产品体验上，抖音以激发用户的好奇心和互动为核心，增强品牌共鸣。

其次，在营销效率上，抖音不断探索广告在展示、互动之后，如何从应用层实现深度营销，通过"广告+内容"双重链接，激发应用层活力。

最后，抖音也在不断探索营销价值的风向标，让品牌主能够更清晰地追踪品牌营销提升的影响力。

在外界看来，这也是有趣的抖音向有料、有用、有效不断进阶的表现。正所谓"用户需求在哪里，产品就在哪里"。

过去一年，抖音先后推出POI（兴趣点）、购物车等功能组件，满足用户从基础的短视频内容消费，到可以通过抖音"割草"，去线下打卡、消费等多重需要，抖音也开始对品牌产生更多元的营销价值。

比如，多个品牌营销案例显示，通过POI功能连接线上线下，对于营销闭环的良性运行多有助益。实现了连接线上线下功能的短视频App成为备受餐饮、旅游行业等以线下为依托的品牌主青睐的营销工具。

同时，以快闪店为代表的电商营销解决方案，在满足品牌与用户深度互动的需求上，能够进一步完成品牌的销售转化诉求。和传统的线上店铺相比，抖音快闪店通过在短期内制造强声量，引发强关注和强互动，从而实现转化，更适合品牌推新品、做事件营销时使用。

2019年年初，红米 Note 7 手机发布时，抖音"快闪店"为红米提供一站式营销解决方案。用户可以在抖音中了解红米新机信息、观看手机测评短视频，最后进行活动预约，形成一站式营销闭环。

这些短视频营销的新玩法最终帮助红米手机在活动期间达成了558万的预约量。在和红米合作的快闪店案例中，用户的参与度，特别是非典型小米粉丝的圈层突破，是快闪店给红米带来的更有意义的增值。

针对品牌在抖音上的多元需求，抖音专门开放了小程序导流功能。例如电影宣发过程中可以通过抖音小程序跳转"猫眼电影演出"直接购票。

有料的抖音，让品牌释放更多表达；有用的抖音，在视频里完成种草到拔草；有效的抖音，成为品牌营销的新洼地。抖音平台正在帮助品牌更快更好地缩短与用户之间的沟通路径。

毫无疑问，乘着短视频的东风，抖音依然是字节跳动乃至整个移动互联网 2019 年的现象级产品。从定位潮酷的短视频音乐社区到记录美好生活的大众短视频平台，抖音通过短视频内容生产互动机制＋智能算法分发机制，成为当下短视频消费的主流平台。目前抖音平台提供了四大不可忽视的营销价值：

1. 内容消费价值。越来越多的创作者在抖音记录人生重要时刻，抖音的内容场景也日趋丰富，知识类、技能类内容消费的比重持续增加。从有趣变有用，抖音正在帮助用户记录美好、发现世界。

2. 互动价值。抖音可以实现点赞、转发、评论等内容互动，还能通过关注、直播、扫一扫等实现用户连接。随着抖音购物车、小程序、POI等功能的推出，品牌能够与用户进行更直接的商业互联。

3. 沟通价值。抖音已建立起一套基于短视频创作与内容分享的新型社交关系。大众创作与内容分享，带动人们围绕兴趣构建起新的圈层。开放的社交关系对品牌拓展圈层助益颇多。小米正是通过在抖音上多样的内容深耕，摆脱了人们对其"科技男"产品的固有印象，从而收获了众多"非典型"米粉。

4. 深耕价值。抖音有近百个不同的垂类，萌宠、美妆、动漫、游戏等垂类都在进行生态扩展。以美妆为例，抖音上拥有百万粉丝以上的美妆垂类达人超过100个，达人生态的繁荣让抖音上的美妆内容跳脱出早期的"反差卸妆"，呈现出更专业、更垂直的内容产品形态。

抖音的新变化，为营销带来了新机遇。未来抖音或变得更加融合、多元和垂直，成为一个更开放的短视频社交平台：产品生态的不断融合，使得产品矩阵越来越丰富；文化的多元扩散，将在娱乐、时尚、明星、音乐等行业营造独特影响力；对垂类内容的持续深耕，能构建更具吸引力的营销阵地。

二、快手和抖音：短视频德比

2018年，快手和抖音几乎同时启动商业化进程。

2018年4月，快手内部开始测试推出"我的小店"功能。2个月之后，快手推出了"快手小店"，在视频和直播中嵌入淘宝、有赞、魔筷等第三方电商平台。

第一章　趋势分析：短视频成为移动营销的重要入口

随后，快手又推出了更加方便的快手自建小店，开始着重扶持电商。整个 2018 年，快手的直播收入超过 200 亿元。

同年 3 月，抖音联合淘宝开通了购物车功能，正式试水电商。双十二购物狂欢节上，3000 万粉丝的抖音头部红人"七舅脑爷"开启直播首秀，并联合 108 个品牌赞助商开启卖货之旅，打响了抖音电商第一枪。

可以看到，抖音和快手各自在电商、直播领域都有所布局，但从营收的维度来看，抖音广告强，而快手直播强。

网易科技"后场村 7 号"报道，据抖音合作伙伴介绍，字节跳动 2019 年目标整体收入为 1200 亿元，抖音的收入预期为 500 亿元。其中，信息流广告收入至少占到八成以上。而 2018 年抖音的收入不到 200 亿元。

据快手合作伙伴介绍，快手直播 2018 年收入超过 200 亿元，2019 年预期的目标为 300 亿元。快手商业化相关负责人公开表示，2019 年下半年为了冲刺 3 亿 DAU（日活跃用户数量）的目标，快手广告业务的营收目标将在年初 100 亿元的基础上增加 50%，变为 150 亿元。

从两家短视频平台的商业化来看，未来竞争将会呈现愈演愈烈之势。

（一）针尖对麦芒，用户相互渗透

早在2018年年初，业内就有"南抖音，北快手"的说法。快手创始人宿华曾这样描述快手和抖音的竞争："这两款产品本质上根本不同。只是在前往各自终点的路上碰到了一起。"

2018年3月19日，抖音将品牌口号改为"记录美好生活"。

"这次启用新口号，一方面是为了让大家更好地认识抖音，另一方面也是重申初心，希望更好地服务用户。"抖音相关负责人对媒体说，抖音并不是一款只针对"先锋潮人"的应用，而是一个帮助用户记录美好生活的平台。

有分析指出，抖音更换品牌口号也意味着两个短视频平台进入正面战场。与此相对应的是两个平台的用户相互渗透率越来越高。

两大平台的大V也相互渗透。快手高层曾在公开场合披露：快手前100名的大V有70个是抖音用户，抖音前100名的大V有50个是快手用户。

进入2019年下半年，快手和抖音先后举办了自家的创作者大会，相隔时间只有1个月左右。在快手创作者大会上，快手高级副总裁马宏彬提到快手日活破2亿后增长完全没有减缓的趋势。

而在抖音创作者大会上，抖音总裁张楠称抖音上线17个月日活突破1亿，最新日活破3亿后，抖音的增长"完全没有减缓的趋势"，颇有针尖对麦芒的态势。

车影工场创始人兼CEO马晓波曾表示："两个平台最大的异同是模式及用户群体不同。快手模式重参与，注重用户的参与机会，视频推荐分散、下沉，争取让普通用户的视频能够被看见；抖音模式重观赏，注重用户的观看体验，视频推荐集中……"

抖音能走进大众生活，在于其更为清晰的用户定位和坚守"强运营"的理念。平台算法就是那只"看得见的手"，宏观调控多一些。

抖音锁定年轻人，吸引了十分活跃、创造力极强的年轻用户群体。同时多样有趣的玩法，方便的剪辑制作手法，让UGC用户找到了创作热情和观看兴趣。

快手崇尚"轻运营"的理念，在管理方面一直在弱化平台自身的存在，同时更注重"关注"，因此快手的推荐更多基于用户的兴趣和社交关系。这种"自由市场"模式使得粉丝与内容创作者的联系加强，粉丝可以和被关注对象进行长期的交流互动。"看不见的手"催生了快手上的"老铁经济"。

相较于竞争者快手长期坚持的去大V化、轻运营的模式，抖音在运营上可谓颇下功夫，并凭借算法、营销在短视频赛道爆发式增长，实现弯道超车。

在电商领域，两大平台在2019年各有收获。9月，有消息称淘宝和抖音已达成年度框架协议，快手与拼多多也达成了战略级别合作协议。

电商构建了以人为核心的关系链，需要平台不断加强粉丝与创作者的关系，进而增强用户黏性。

2019年以来，抖音先后上线多闪、群聊等功能，有评论指出这些动作旨在加强互联网熟人社交关系。品牌主、抖音带货达人可以用社群来沉淀用户，运营自己的私域流量。

多闪及群聊配合"粉丝画像"等一系列工具，完善了抖音"重内容、弱关注"的模式，帮助品牌主、达人在电商及直播领域沉淀、培育用户。

随着一二线城市用户逐渐饱和，未来哪一家能获得更多下沉市场用户，并能吸引更多创作者、品牌主加入到其生态当中，哪一家就将在竞争中获得更多优势。

（二）全方位较量的背后是行业巨大的潜力

在创作者大会上，抖音在内容领域提出了"真实、多元、有用"的概念。当前，抖音有 27 个日均播放量超一亿的内容领域，强势垂类包括政务、户外、记录、明星，其中生活记录类内容占比高达 21%。泛知识垂类是抖音重点发力的领域，也是过去半年抖音成长最快的领域。

在垂类建设之外，抖音还推出创作者成长计划，通过新流量、新场景和新服务来帮助 1000 万创作者在抖音变现。

针对不同的专业短视频创作者，抖音将针对性地提供流量支持。

在工具上，抖音将进一步开放长视频权限。2019 年 4 月，抖音向用户全面开放 1 分钟视频的拍摄权限。未来抖音将逐步开放 15 分钟视频，提供更丰富的内容载体。这有助于补充抖音缺少的更精品的、长度更长的 PGC（专业生产内容）及 PUGC（专业用户生产内容）内容。

抖音将上线合集功能，创作者可以把相关视频内容发布在同一合集下，用户可以通过感兴趣的视频进入合集观看相关内容。这一功能将率先对教育内容创作者开放。同时，抖音还将完善直播功能，增强创作者与粉丝的直接互动。为了帮助创作者更好地运营，抖音上线了创作者服务中心，未来还将建立创作者学院。

用户的相互迁徙为短视频平台的决战吹响了号角。很明显，抖音和快手都在向对方的领域渗透。

抖音在创作者大会公布的一系列措施更多是为了平衡头部和中尾部的流量分配，比如强化"关注流量"和"区域流量"，希望让创作者获得更多来自粉丝和同城的流量；新开放的15分钟时长能增加内容多样性，长期来看利好头部创作者。

快手则是引入众多 MCN（多频道网络）和达人等机构创作者，从 UGC（用户生产内容）生态向 UGC＋PGC 生态破圈。

在日活体量均超过2亿，双方用户重合度越来越高的情况下，单一的竞争手段已经不足以制胜。

从竞争层面上讲，快手要注重用户增长，强化垂类运营、流量扶持以及大V合作，需要借鉴抖音以强运营和头部内容获得增长的方法论；抖音则需要学习快手普惠的流量分配机制，通过强化私域流量和粉丝价值，帮助创作者、平台和品牌主更好地变现、转化。

穿过抖音与快手竞争的硝烟，人们感觉到了短视频行业巨大的潜力。正如抖音总裁张楠所言，在一开始，大家都把短视频想得太小了。《新闻联播》同时入驻两家短视频平台是个标志性事件，预示着这个行业有着更大的想象空间，娱乐和表演不是全部。

三、短视频成为泛娱乐行业主力军

近年来，从游戏、文学到影视、动漫……泛娱乐行业包罗万象，内容不断丰富，成了国内互联网领域中最为广阔的一个市场。

QuestMobile 发布的《泛娱乐化用户行为洞察报告》显示，截至 2019 年 4 月，我国泛娱乐用户规模达到 10.86 亿人，占据了移动互联网用户的 95.6%，月人均使用时长达 4.7 个小时，同比增长 13.8%。如此巨大的用户基数和高达两位数的使用增速，展现着这个市场的无限机遇和巨大发展前景。

到 2019 年 6 月，短视频月活用户数达到 8.21 亿，同比增速超过了 32.3%，用户月人均使用时长达 22.3 小时，同比增速达到了 8.6%，是泛娱乐行业中唯一月活用户增长数量过 2 亿，同比增速超过 30% 的板块。

数字阅读和在线音乐在多年的发展后，用户接近饱和，行业发展潜力有限，业务创新能力不足，增速明显下滑。与这些领域相比，在用户使用时长上，短视频更是一骑绝尘。

而游戏直播、手机游戏业务在碎片化娱乐模式的滚滚浪潮冲击下，发展也开始放缓。整体看来，短视频成了拉动泛娱乐行业这架马车继续向前奔跑的主力军。具体来说，一是带动了 Vlog 的兴起；二是让创作者重新审视细分垂类领域的潜在价值；三是达人与内容生态演化，促进营销转化再进阶。

（一） Vlog 大放异彩

Vlog 记录生活的模式与文字、音乐、视频相结合，完美契合了年轻人的表达需求。在移动互联网时代，契合年轻人的需求就代表着符合了主流大众的审美需求。

继欧阳娜娜之后，众多明星纷纷加入到 Vlog 创作中，风光无两的 Vlog 也因其自身更易于商业化，吸引了众多企业的青睐。

微博推出 Vlog 召集令，B 站发起 30 天 Vlog 挑战，腾讯发布"Yoo 视频"，好看视频推出"Vlog 蒲公英计划"，抖音开放长视频功能……众多企业在 Vlog 领域布局并倾斜资源，已经取得了不错的成绩。

创作者开始用 Vlog 来分享生活，品牌也开始选用 Vlog 进行营销推广。随着 5G 时代的到来，Vlog 会借助技术手段的不断进步加速普及。可以预见，短视频的后半场，Vlog 将大放异彩。

第一章　趋势分析：短视频成为移动营销的重要入口

（二）深耕垂直领域

目前短视频内容创作参与者众多，同质化现象日益严重，平台之间的竞争激烈程度更是前所未有。人们对于内容的要求必然将更加精细化和多元化。

短视频行业的不断成熟必然会促使内容进一步细化。深耕细分垂直领域，定位具体明确是众多平台和内容创作者的必然选择。

短视频领域的垂直化现象已经凸显，知识类、美妆类、电商类的相关短视频比重都在加大，也已经有不少垂直类的App和栏目计划开始出现在大众视线里。

在短视频行业的下半场，各平台势必将在垂直领域加大布局力度。在平台保证内容相对垂直、专业的基础上，偏向于专业的视频剪辑工具也将成为新风口——抖音和快手都在第一时间上线了自家的剪辑App，达人也配套生产了一些优质教程。

(三) 挖掘达人价值

在抖音上,每分每秒都有新的热门内容出现在公众视野,爆款瞬息万变的背后是空前蓬勃又急速演变的达人创作生态。

抖音营销相关负责人曾透露,截至2019年一季度,抖音上已经有4000余位达人拥有百万以上粉丝,同时视频内容呈现多样分布。与2018年相比,越垂直的内容类别用户活跃度越强。

没有不变的头部达人,更没有长盛的内容形态。在这样的生态规律之下,营销应该如何跟上步伐?

通过将泛娱乐达人的泛众影响力与垂直类达人的精准营销力相结合,抖音试图构建达人与内容生态的营销新逻辑——具有功能型、创意型和营销型三个维度价值的抖音达人,在品牌整合事件传播、新品传播、种草转化等层面为品牌营销助力。

依托从头部爆款到垂类精耕,从个体采买到整合运营,从粉丝资产到生态资产的多维进阶,抖音达人生态营销价值将得到更加充分的挖掘和利用。

（四）短视频 6 大趋势

在泛娱乐领域，不存在死忠用户，内容是最大的竞争力。即使继续亏损，只要对手不放弃，平台拼抢头部内容的争夺战就不会停止。

在长视频领域，"优爱腾"等视频网站激烈的竞争还远未结束，而那边两大短视频巨头已悄然兵临城下，从 15 秒到 1 分钟、5 分钟，再到如今的 15 分钟、Vlog、微综艺、竖屏短剧等成为争夺长视频用户时间的新入口。

可以说，短视频依旧是当下最火爆的内容形态。从生产端的角度来看，视频化催生了巨大的内容生产市场。内容生产爆发式的增长和媒体传播的视频化，二者之间相辅相成。

总体来看，短视频行业发展呈现出如下 6 大趋势：

1. 抖音等短视频平台成为继长视频（优爱腾）、直播之后品牌主追求品效合一的新战场。

2. 生产模式从 UGC 到 MCN 转变，内容运营从泛娱乐化到垂直细分深度原创转变。

3. 短视频浪潮下，KOL 的影响力再次达到新巅峰，"高知网红"成抢手资源。

4. 竖屏营销更加追求品效合一，达人持续发挥"人与货"的强链接作用。

5. 竖屏短剧为代表的竖屏商业化内容将迎来新一轮的发展。

6. 从用户角度来看，40 岁以上中老年人群的短视频使用率增长迅猛，"银发经济"潜力巨大。

泛娱乐行业风起云涌，变幻莫测，消费行为的全新变革浪潮一触即发。而短视频得天独厚的优势令它保持高速发展势头。

从 2012 年快手作为分享 GIF 图片的手机应用转变成短视频社区，到今天抖音快手平分天下仅用了五六年的时间。这中间有秒拍、美拍等众多短视频平台的崛起与衰落，有 papi 酱等达人的爆火，也有 BAT（百度、阿里、腾讯）巨头的强势进军。

当前的短视频市场，抖音快手引领潮流，BAT 巨头发力追击，后面还有无数的平台不断加入，想要突出重围分得部分红利。

接近 10 亿的用户规模加之 5G 时代的到来，短视频将乘上通往未来的东风，新故事的大幕即将开启。

第二节　数据发现：爆款短视频气质养成

一、500 万 + 点赞爆款视频分析——政务号

2018 年 4 月起，首批政务短视频账号入驻抖音，经历爆炸性增长后，抖音逐渐成为政府形象传播的重要舞台之一，@ 北京 SWAT、@ 四平警事、@ 山西交警等蓝 V 号深受网友喜爱。

2019 年 6 月，抖音政务新媒体号全网首个警方抓捕 Vlog 由 @ 海南警方拍摄完成。

"现在是 6 月 26 日凌晨的 12 点半。这不是演习，子弹已经压满了！"

> 友情提示：
> 打开抖音 App，点击左上角图标，进入"发现"页面，再点击左上角扫码图标，扫描文中二维码，即可观看书中视频。

硬核！这不是演习！这应该是全网首个警方抓捕 Vlog ！一起感受下~

 保存图片到相册 → 打开抖音立即看到

第一章　趋势分析：短视频成为移动营销的重要入口

开场便是高能，警方荷枪实弹的状态，不禁让人将真实的抓捕场景与影视剧中的画面做对比，真实记录让政务抖音号有了更丰富的表现形式。

这段 Vlog 记录了打击电信诈骗犯罪的"蓝天二号"专案收网行动过程，紧张刺激的画面、略微摇晃的镜头让人身临其境，发布后在短短几日的时间里就在抖音上获得超过 300 万次点赞，让人见识到了政务抖音的流量潜力。

（一）500 万 + 点赞视频，政务号占了 86%

据头条易头号数据研究院提供的 2019 年上半年短视频样本显示，在点赞量超过 500 万的视频中，政务、官媒类抖音号发布的视频数占比达到 86%，其余 14% 均由入驻的明星抖音号发布。

数据表明，在目前的抖音平台上，用户更愿意为平台上聚焦于消防员、警察等职业人员的相关正能量内容点赞。此类内容的点赞数往往高于其他类型视频，且具有持续累积点赞、冲刺破纪录的能力。

其中，@人民日报成为单条视频 500 万 + 点赞榜上榜视频数最多的抖音号，其上榜视频数超过第二名@人民网近 2 倍，上榜视频数排名第三的是@浙有正能量。

数据显示，最高单条视频点赞数纪录由@山东武警创造。

@山东武警

炎炎夏日里，一名基层战士最真实的坚守！（胡好文）#发现榜样 #劳动我最美

保存图片到相册

打开抖音立即看到

该视频文案为:"炎炎夏日里,一名基层战士最真实的坚守!#发现榜样#劳动我最美"。视频中,一位基层战士身着军装在炎炎烈日下执勤站岗,即使脸上的汗越来越多,军装随手都能拧出水,兵哥哥依然立在原地纹丝不动。

"辛苦兵哥哥了,看着都心疼""这就是可爱的中国军人""战友,辛苦了"……评论区中网友纷纷致敬基层战士,累计点赞数超过2292万。

据统计,在2019年上半年短视频点赞数超过500万的视频中,总赞数超过2000万的只有两条,另外一条视频由@人民日报发出。

该视频文案为:"姑娘,你努力的样子真美!总会有一些人会让你觉得,再艰难也该坚持。加油生活啊!"。视频中,一位女孩虽然下半身截肢,只能靠双臂走路,但她乐观向上,靠自己努力顽强生活的样子,感动了不计其数的网友,为人们带来正能量。

一位网友留言:"除了生死,没有什么坎是过不去的,希望更多人看到这位小姐姐的故事"。截至数据统计时间,这条视频的点赞数已超过2226万。

（二）点赞 Top10 视频全貌揭晓

据统计，在 2019 年上半年抖音短视频中，有 20 条点赞数超过 1000 万。点赞 Top10 视频里，由政务蓝 V 发布的视频达到 9 条，另外一条进入 Top10 的视频由明星邓紫棋发布。这些上榜视频有：

No. 1——2292 万

最高单条视频点赞数纪录由@山东武警创造，记录了一名兵哥哥站岗的片段，更多信息详见上文。

No. 2——2226 万

排名第二的视频由@人民日报发出，展现了一位身有残障却乐观生活的女孩，更多信息详见上文。

No. 3——1893 万

@西安消防

车主提供行车记录仪拍下的一幕……

保存图片到相册

打开抖音立即看到

这条点赞数超过 1893 万的视频，由@西安消防发布，视频文案为："车主提供行车记录仪拍下的一幕……"。视频中消防小哥出勤吃泡面充饥后，用自己的衣服将摆放过泡面的车头小心擦干净，其敬业行为迎来网友一致点赞。

No. 4——1763万

@警眼看天下

闽晋渔5179：这里是中国海域，请马上离开！中国的疆土一寸也不让！

 保存图片到相册 → 打开抖音立即看到

@警眼看天下发布的这条视频文案为："闽晋渔5179：这里是中国海域，请马上离开！中国的疆土一寸也不让！"。视频记录了国人在钓鱼岛海域遭遇日舰后的爱国行为，激发了网友的爱国情怀。

No. 5——1726万

@人民网

全身只有一张嘴能动！脑瘫小伙高广利用舌头折出飞机与航船……他希望自己不是家庭的拖累！

 保存图片到相册 → 打开抖音立即看到

由@人民网发布的这条正能量故事,讲述了一位全身只有嘴能动的脑瘫小伙,为了让自己不成为家庭拖累,用舌头折出飞机与航船,努力证明自己的故事。

No. 6——1718 万

第六名由@GEM 邓紫棋发布,这条视频相关信息详见本节下文。

No. 7——1670 万

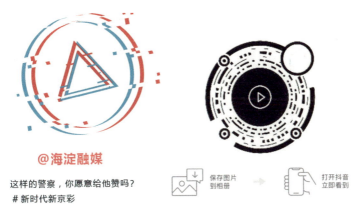

@海淀融媒仅凭一张定格图片征服了千万网友,该视频文案为:"这样的警察,你愿意给他赞吗?#新时代新京彩"。

No. 8——1623 万

@人民日报发布的这条视频中,步兵学院学员们不畏艰难、刻苦训练的身姿,让不少网友感叹:燃爆了。

No. 9——1587 万

@浙有正能量

眼前这一幕,你愿意给这群为迎战跳绳世界杯进行赛前魔鬼训练,为中国争光的孩子们点赞吗?

@浙有正能量这条点赞数为1587万的视频文案是:"眼前这一幕,你愿意给这群为迎战跳绳世界杯进行赛前魔鬼训练,为中国争光的孩子们点赞吗?"在为国争光的感召下,网友们纷纷点赞,为孩子们加油助威。

No. 10——1524 万

@人民网

闪电救子!幼儿坠楼瞬间,母亲飞扑死死拉住孩子脚踝……#民民有话 幼儿尽量不要离开父母视线

@人民网发布的这条视频，记录了母亲在幼儿坠楼瞬间飞扑过去，成功救子的全程，引发了网友对儿童安全的思考，点赞数超过1524万。

可以看到，在目前的抖音平台上，点赞数达到500万+级别的，唯有政务类抖音号和明星抖音号。对于政务抖音号来说，他们的上榜视频通常具有以下几种特点：

残障人士正能量视频：通过残障人士积极向上的乐观精神，鼓舞网友勇于面对自己遇到的困难。

军人精神风貌展现：通过展现国威军威，让网友为自己的祖国而自豪，激发爱国之心。

社会人情冷暖记录：通过挖掘生活中的小美好，提高网友自身幸福指数。

由此可见，政务宣传与抖音的融合已是大势所趋，政务类抖音号频频产出的爆款对于平台内容运营具有借鉴意义。对政务与抖音融合方式的基础性研究，不仅有利于政务宣传，同时也将有利于内容创作者对整个抖音短视频内容生态的理解和把握。

二、500万+点赞爆款视频分析——明星号

在2019年上半年，发布单条视频点赞数超过500万的明星有：邓紫棋、邓伦、潘长江、王祖蓝、罗志祥、孙艺洲、杨幂等人，其中点赞数最高的视频由邓紫棋发布，截至2019年9月19日，该视频累计点赞数超过1778万。

这些由明星发布的高赞视频有哪些共同特点？明星如何利用自身流量优势在抖音上产出爆款视频？如下二个规律可供参考。

（一）借势热搜热点获流量

@GEM邓紫棋

#来自天堂的魔鬼 之 魔鬼弹唱版

 保存图片到相册 → 打开抖音立即看到

《来自天堂的魔鬼》歌曲横扫抖音热门 BGM 期间，@GEM 邓紫棋在自己的抖音号发布了这首歌的弹唱版。视频中，邓紫棋为眼睛添加了颜色特效，每眨一次眼睛就换一个颜色，一时间引爆网友热情，疯狂吸粉获赞，还登上了抖音热搜榜。

随后，@罗志祥发布模仿视频，使用邓紫棋视频原声，一边弹琴一边跟着节奏眨眼摇头，每眨一次眼，头发就换一个颜色，夸张的表情和动作令网友忍俊不禁。同时，罗志祥利用视频文案引发网友参与互动："你们猜我模仿谁？"

这一波热度借势，让罗志祥这条模仿视频累计点赞数达到 953 万、评论数超过 33 万，在明星发布的点赞数超 500 万的视频中排名第 5。从评论区口碑来看，虽然这条视频为跟风视频，但由于罗志祥借势有度，几乎没有引起粉丝的反感情绪。

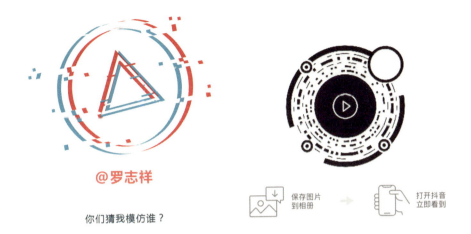

@罗志祥

你们猜我模仿谁？

保存图片到相册 → 打开抖音立即看到

（二）利用影视剧 CP 加热度

2019 年 6 月末，@孙艺洲使用当时平台热门 BGM "咳咳，了解！"发布视频，视频结尾处陈赫乱入镜头跟孙艺洲一同举手敬礼，这让粉丝瞬间将《爱情公寓》中吕子乔和曾小贤的人设代入组成 CP（Coupling，配对）。截至 2019 年 9 月，该视频累计点赞量达 877 万，评论数超 14 万。

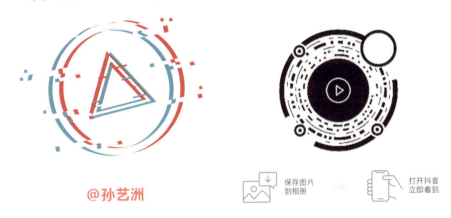

@孙艺洲

保存图片到相册 → 打开抖音立即看到

观察@孙艺洲抖音号首页可以发现，他发布的其他视频点赞数鲜少突破 500 万，而这一条与陈赫合作的视频点赞数突破 800 万。

由此可见，明星双人出镜，利用深入人心的 CP 感能够实现粉丝流量 1＋1＞2 的效果。

(三) 人设顺应用户喜好

王祖蓝一直以好老公的形象为网友熟知。抖音上，王祖蓝将自己"疼老婆日常"拍摄成视频，广受网友喜爱。他不仅喜获"抖音上最疼老婆的男人"称号，也成为抖音上爆款视频最高产的明星之一。

数据显示，关注@王祖蓝抖音号的女粉丝占比超过7成，评论区中常见关键词围绕"男人""地位""老婆"展开，可见王祖蓝在抖音上的人设极大顺应了平台女性用户的喜好。

从王祖蓝发布的视频来看，婚姻关系中男女主角的家庭地位，成为粉丝关注的核心话题之一，其发布的500万+点赞视频也多与之相关。

"老公给剥虾，自己才会吃虾"的热梗本身自带流量。王祖蓝先通过视频文案"老公给老婆剥个虾怎么了？怎么了？怎么了?!"肯定了该观点，同时通过视频内容用行动向女性用户传达"老公就应该无条件疼老婆"的观点，目前该视频点赞数超过870万。

数据显示，目前已有1460余位明星入驻抖音，明星本身自带流量的优势只有加上良好的运营才能跻身头部。

三、300万~500万点赞爆款视频分析

头条易头号数据研究院提供的《2019年上半年抖音短视频研究报告》

显示，单条视频在 300 万~500 万点赞区间中，政务、官媒类抖音号数量占比达 58%，入驻明星抖音号数量占比达 9%，余下 33% 分布于 PGC、UGC、企业蓝 V 抖音号中。

观察这 33% 的视频，其中近九成的抖音号只出现过 1 次，同一抖音号多次上榜非常难得。

(一) 多次产出 300 万点赞视频的抖音号

头条易头号数据研究院提供的短视频样本显示，@ 暖男先生、@ 小橙子、@ 麻辣德子、@ 科技公元、@ 白毛毛等抖音号，在 2019 年上半年中多次产出 300 万+点赞视频，其中@ 暖男先生上榜的视频数量最多。

为什么是@ 暖男先生？

有别于其他明星抖音号，@ 暖男先生更像是一个以郭冬临为 IP 的专栏。很多人关注明星抖音号绝不仅仅是因为明星效应。明星效应虽能在短时间内吸粉，但若想保持持续热度，账号优质的内容产出则成为关键。@ 暖男先生便是很好地做到了这一点。

(二) 多次获得 300 万+点赞的内容特点

1. 视频内容踩中自带流量的社会热点

(1) 反讽高价聘礼

@暖男先生

这次真的错过好几个亿！@抖音小助手

保存图片到相册

打开抖音立即看到

视频从现实生活中常见的情侣结婚问题切入。女方父母要求男方家必须有车有房才能结婚,男主回家与郭冬临扮演的父亲一脸愁容地讨论问题解决方法,结果事情真相与网友的想象大相径庭,戳中社会痛点的反讽使得这条视频获得 338 万点赞。

(2) 反讽炫富

@暖男先生

我不能再低调了……@抖音小助手 #暖男先生

 保存图片到相册 → 打开抖音立即看到

视频从讽刺虚荣炫富角度切入,映射了社会上那些用钱衡量一切的"势利眼"。截至 2019 年 9 月,这条视频累计点赞量达 361 万。

(3) 夫妻感情

@暖男先生

至少还有你,值得我去珍惜……
@抖音小助手 #暖男先生

 保存图片到相册 → 打开抖音立即看到

视频从婚后夫妻感情角度切入，用正能量剧情演绎丈夫疼妻子的那些小事，累计点赞量达 379 万。

（4）热点节日

@麻辣德子

家庭版拔丝香蕉教程，多谢

这条视频发布于 2019 年春节期间，"家庭版拔丝香蕉"主打方便快捷，老少皆宜，为网友解决了春节期间的做饭难题。

（5）流行审美

@小橙子

一想到你我就……#芒种
#原创国风计划

看多了帅哥美女，网友对网红的颜值提出了更高的要求，现代时髦小姐姐不够看，@小橙子这种古风装扮更能满足"外貌协会"的网友们。

2. 视频形式：反转、反差更吸睛

（1）剧情内容反转

2019年6月，@白毛毛凭借多条反转视频大量吸粉获赞，在一周的时间里，其拍摄的"教室反转剧情"系列连续两条视频点赞破300万。

通过反转剧情设置，用户可以在经历"铺垫结束—高潮来临"的过程后，获得观感上的刺激，使得相应数据从同类视频中脱颖而出。不过值得注意的是，反转类视频极度依赖内容的创意，如果反转剧情未能达到用户的嗨点，用户观看视频的刺激程度就会降低，甚至产生失望，进而影响视频的点赞量。

语文课上，老师请同学们运用发散思维列出"品"字形文字，白毛毛灵机一动，将自己认为的"品"字形文字写在黑板上，令人哭笑不得。

（2）人物年龄、成就反差

@科技公元以发布科技科普类视频为主。2019年上半年，@科技公元两条点赞数超过300万的视频，均是报道年少有为的中国人才。

第一条 300 万+视频与中国黑客天才吴瀚清相关。创作者通过事迹列举，放大吴瀚清年龄与成就的反差，激发起网友爱国情绪。

第二条 300 万+视频与天才少年曹原相关。创作者将人物成就与年龄做对比，讲述了曹原为世界科学事业做贡献的事迹，网友在评论区争相表达自己对祖国青年英才的敬佩之情。

可以看到，@科技公元这两条点赞量超过 300 万的视频拥有两个共同特点：

第一个是视频的主人公年纪小，与抖音平台主流用户画像相近；第二个是被介绍的主人公都是天才，年纪轻轻就取得了非凡成就，是同龄人的榜样、先锋、偶像。

（三）企业蓝 V 抖音号爆款视频崭露头角

在 2019 年上半年 300 万～500 万点赞的短视频样本中，部分企业蓝 V 抖音号崭露头角。

1. 生活场景代入制造意外事件

@本宫的鸡官方账号——340万点赞

@本宫的鸡官方账号

我有那么老吗？你是喷泉吗？
#搞笑

 保存图片到相册 →   打开抖音立即看到

创作者以消费者的身份去"@本宫的鸡"线下实体店柜台购买产品，询问服务员食品价格时故意称呼年轻的服务员为"叔叔"，当服务员提出"可否叫得年轻一点"时，创作者用套路回答，瞬间令正在服务员身边喝水的小姐姐笑喷。

@吕布布——326万点赞

@吕布布

丢不丢人都无所谓，主要是活得随性

 保存图片到相册 →   打开抖音立即看到

第一章　趋势分析：短视频成为移动营销的重要入口

男女朋友约会见面时会遭遇哪些尴尬的瞬间？这条视频通过生活场景的代入，让用户感受到"幽默化解尴尬"的语言魅力。

2. 情感传递引发共鸣

与手工艺相关的企业蓝 V 抖音号可通过情感传递引发用户共鸣。如 @修板凳的师傅和@原夏首饰的抖音视频多以"故事叙述 + 手艺制作全过程"方式，展现一件物品的诞生过程，并赋予该物品不同寻常的意义，让物品增值。

@修板凳的师傅——330 万点赞

@原夏首饰——319 万点赞

@修板凳的师傅

#正能量 #母亲@抖音小助手 祝福天底下所有母亲，母亲节快乐！

保存图片到相册 → 打开抖音立即看到

@原夏首饰

感谢有你#手艺 #传统手艺 #爱情 #幸福

保存图片到相册 → 打开抖音立即看到

(四) 短视频点赞超 300 万 5 大法则

抖音短视频创作者经常会思考这样的问题：

"怎样降低视频的跳出率？"

"为什么有些视频让人根本停不下来？"

这些问题都指向：如何在抖音短视频中制造吸引力。

1. 音乐预设深度绑定

音乐作为抖音视频内容最重要的组成元素之一，不同的音乐风格会带给观众不同的情绪反应，从而建立起不同的观看期待。

尤其是已经在抖音平台被广泛使用的热门音乐，往往与某类内容方向强绑定。当音乐响起，观众就知道这是哪一类内容，同时会期待接下来会有相应的剧情出现。

舒缓、诙谐、煽情、强节奏等音乐类型，可以相应带来好看、好笑、感动、潮酷等内容期待，"换装梗""反转梗"等热梗也已搭配相对固定的背景音乐。

@尬演七段作品"数数几个梗？肥哥被打几次？"，反转梗音乐大幅提升喜剧效果，让人看了笑不能停。

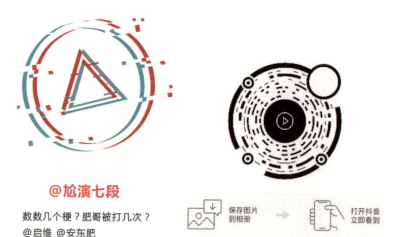

@尬演七段
数数几个梗？肥哥被打几次？
@启维 @安东肥

第一章 趋势分析：短视频成为移动营销的重要入口

再比如@姚瑶作品"一个椰子只卖5元，他们真的很努力"记录了旅游景区当地孩子划船售卖椰子的一幕，配合煽情音乐，让很多观众深受触动。

@姚瑶

一个椰子只卖5元，他们真的很努力。

保存图片
到相册

打开抖音
立即看到

2. 人物真实却不乏个性

在抖音，用户常看的都是真人出镜，具有真实感的视频。视频人物的魅力成为吸引用户注意力的重要砝码。

据观察，优质流量视频中的人物都具有真实却不乏个性的特点。

@吴谨言作品"没想到引以为傲的协调性竟然输给了一只猫!?"，勇于自黑的明星与抖音达"猫"合拍，意外被吊打。

@吴谨言

没想到引以为傲的协调性竟然输给了一只猫！

保存图片
到相册

打开抖音
立即看到

@初九作品"天使少一颗门牙……#恶魔天使",一张脸,半边天使,半边恶魔,这个性化妆术简直逆天。

@初九

天使少一颗门牙……#恶魔天使

@一一丫丫妈妈作品"女生是世界上最可爱的生物,不接受任何反驳!"记录了一对双胞胎姐妹的热舞,成功达成"骗"大家生女儿的目标。

@一一丫丫妈妈

女生是世界上最可爱的生物,不接受任何反驳!@一一丫丫 @抖音星探家

第一章 趋势分析：短视频成为移动营销的重要入口

3. 营造视觉奇观实现吸睛

另类视觉效果会引发好奇，好奇会建立期待，在期待被满足之前，观众的视线将被牢牢吸引。

罕见的美景、意外的场景、新鲜的玩法、强反差的组合形式都能营造视觉奇观。

@姚大作品"群星完整版—沙漠骆驼"随机切换到不同的明星，强反差组合形式，配合翻唱歌曲带来极其强烈的视觉、听觉冲击。

@姚大

群星完整版-沙漠骆驼

@小橙子作品"躲进你的身体#汉服#原来你有两副面孔"用别样的剪辑手法展示了少女古代与现代的不同装扮，满足了"汉服控"的期待。

@小橙子

躲进你的身体 #汉服 #原来你有两副面孔

4. 促进身份代入建立好感

人们对与自己有关的内容会格外关注，如果在视频开始时亮明受众人群的身份标签，有助于成功引起特殊群体的兴趣。

常见身份代入维度主要有地域、性别、年龄、职业、爱好等。如@乔万旭这条点赞超过179万的视频，视频一开始他就点明主题，将人物身份定位为"上学时的你"。随后，他逐一盘点了大多数人在上学期间曾玩过哪些无聊的把戏，成功引起网友共鸣，留下"太真实了""这不就是我么"等评论。

5. 文案预告制造悬念

能吸引用户点赞的不只是视频本身，视频发布时配合的文案也非常重要。

一条好的文案可以直接预告内容亮点或制造悬念，让用户产生期待，继续观看下去。

比如@他是子豪作品"老朋友饭桌上一直酸我，子豪低调回怼！结局高能……#男友"，文案一波三折，提前预告反转结局吸引受众看到最后。

第一章　趋势分析：短视频成为移动营销的重要入口

@他是子豪

老朋友饭桌上一直酸我，子豪低调回怼！结局高能……#男友

保存图片到相册

打开抖音立即看到

总结起来，抖音短视频制造吸引力的方法，最重要的一点就是在视频开头于观看者心中植入某种预期，使其成功建立期待，最终便可形成强大的吸引力。

具体包括音乐预设、人物魅力、视觉奇观、身份代入、文案预告等方法，组合起来应用，迈出点赞 300 万的第一步！

四、闪闪发光的企业蓝 V

抖音企业蓝 V 账号数量随抖音的爆发而迅速发展，2019 年企业蓝 V 账号内容已经成为抖音平台内容的重要组成部分。各类大中小企业通过抖音企业蓝 V 账号认证各取所需，各显神通——抖音已成为企业营销的标配阵地。

（一）抖音企业号是什么

1. 概念定义

抖音企业号是针对企业诉求的"内容＋营销"平台，服务于企业内容营销的全链条，为企业提供"内容分发"和"商业营销"等服务。

抖音企业号，即抖音企业蓝 V，能够帮助企业传递业务信息，与用户建立互动。企业主可以获得官方认证标识，并使用认证身份，通过内容发布、用户互动、营销组件等多种形式打造品牌在抖音传播的主阵地，完成整个内容营销的闭环。通过认证的抖音企业号，将获得营销工具、营销洞察、粉丝管理等多项权益。

2. 抖音企业蓝 V 功能简介

目前，已认证的抖音企业蓝 V 有 20 余项功能，其中 6 项功能最受欢迎：

（1）私信自动回复——企业拥有自动回复和消息卡片等功能，可提升企业处理用户私信效率。

（2）电话拨打——增加对企业产品有意向用户的直接转化，建立商户与客户的直接沟通桥梁。

（3）评论置顶——评论置顶功能，可满足企业运营者基于视频的粉丝精准互动。

（4）官方链接——抖音企业蓝 V 主页展示官网，增大企业品牌曝光。

（5）视频置顶——抖音企业蓝 V 主页拥有置顶优质视频的权利，帮助企业运营者有计划置顶想露出的视频。

（6）POI——POI 页面打通线上线下，满足实体店类企业商户的直接营销诉求。

抖音企业蓝 V 是品牌在抖音的官方阵地，品牌主可将其作为内容营销的媒介，通过良好的内容创作和运营沉淀潜在用户，使他们转化为自己的粉丝，实现营销闭环。

3. 2019 年抖音企业蓝 V 整体趋势

经过一年的发展，抖音企业蓝 V 账号整体分布呈现出三个特点：

（1）行业覆盖变深变广——账号行业分布占比发生变化

2018 年，企业蓝 V 账号数行业分布 Top 10 分别是：IT/互联网/手机应用、文化娱乐、生活服务、服饰配饰、游戏、生活用品、食品饮料、教育培训、餐饮美食、电商平台；

2019年，这一排行的Top 10变为：服饰配饰、商务服务、餐饮服务、快速消费品、零售、生活服务、家居建材、汽车、工具类软件、文体娱乐。

（2）企业号内容数量快速成长——成为平台内容重要来源

截至2018年6月，抖音企业蓝V总粉丝量为4221万，企业蓝V内容总播放量超过65亿次，企业蓝V视频总生产量超过7.5万条。

这一数据在今年得到质的飞跃。截至2019年5月，抖音企业蓝V已经覆盖28个一级行业类目、267个二级行业类目，账号数量同比2018年6月增长44.6倍，内容数量增长211倍。同时，蓝V账号粉丝总数已达41亿，账号播放总次数超过10692亿，成为抖音平台内容生产主力军。

（3）账号认证前后对比强烈——认证蓝V各维度数据占优

2019年，新完成认证的抖音企业蓝V账号与认证前相比，账号互动数据环比增长125.46%。已认证的企业蓝V账号与平台平均账号相比活跃度更高，其内容生产数量、平均播放量、主页访问次数等维度都超越未认证账号。

（二）企业蓝V爆款视频分析

头条易头号数据研究院统计了2019年1月1日—2019年9月10日以及2018年同时间段内，抖音企业蓝V账号发布的视频数据，下面将根据单条视频点赞排名，对近两年蓝V爆款视频进行分析。

数据显示，2018年单条点赞量超过1000万的抖音企业蓝V视频仅为个位数。2019年，截至9月10日，单条视频点赞量超过1000万的视频总数为2018年的25倍，其中点赞量超过2000万的企业蓝V视频数量接近10个。

1. 2018 年企业蓝 V 爆款视频 Top 100 代表作

（1）示例一

@上海成家中式家具制……

等了2个小时拍到的，能上万吗？

 保存图片到相册 → 打开抖音立即看到

发布者：@上海成家中式家具制造有限公司

点赞数：999 万

视频文案：等了 2 个小时拍到的，能上万吗？

视频内容为慢放版"鲤鱼跃龙门"，因其寓意好，得到网友的广泛转发和评论。截至 2019 年 9 月 20 日，这条视频的评论数已超过 56 万。

（2）示例二

@EASIN国际义工旅行

#正能量 他曾经在一线做过动物救援时救过它，没想到一段时间过去了，重逢竟然是这种感人场景。

 保存图片到相册 → 打开抖音立即看到

发布者：@EASIN 国际义工旅行

点赞数：712 万

视频文案：他曾经在一线做动物救援时救过它，没想到一段时间过去了，重逢竟然是这种感人场景。

视频内容围绕"动物与人和谐相处"展开，向网友展现了一段温情满满的故事。

（3）示例三

@孙强阿拉斯加精品狗场

我是小宝宝，不许笑话我腿短……

保存图片
到相册

打开抖音
立即看到

发布者：@孙强阿拉斯加精品狗场

点赞数：678 万

视频文案：我是小宝宝，不许笑话我腿短……

视频内容展现了一条阿拉斯加幼犬奔跑的片段，小狗憨态可掬的动作萌翻一众网友。

2. 2019年企业蓝V爆款视频Top 100代表作

（1）示例一

@楠火锅

数一下，笑喷几次？

 保存图片到相册 → 打开抖音立即看到

发布者：@楠火锅

点赞数：508万

视频文案：数一下，笑喷几次？

@楠火锅搜集时下抖音平台上流行的热梗，将几种不同的梗串联起来集中演绎，视频文案引导互动，增加了用户留言意愿。

（2）示例二

@一乙菜场

美女为驾校学员扳回一局@抖音小助手

 保存图片到相册 → 打开抖音立即看到

发布者：@一乙菜场

点赞数：446万

视频文案：美女为驾校学员扳回一局@抖音小助手

视频围绕女学员与驾校教练日常练车发生的种种小事展开剧情。每当女学员犯错的时候，教练刚开启暴躁的训诫模式，就被女学员以更暴躁的回怼反击，堵得教练哑口无言，为无数曾在驾校被教练训哭的女学员"扳回一局"。

（3）示例三

发布者：@璐豪萌宝搞笑合集

点赞数：421万

视频文案：这个模仿你们给多少分？我觉得太可爱了，我给打一百分，有赞同的吗？

萌娃面对镜头唱动画版《西游记》片尾曲《一个师傅仨徒弟》，开口便是"白龙马蹄朝西"，软糯的奶音+古灵精怪的表情萌翻一片网友。

从以上示例视频可以看出，无论是2018年还是2019年，除去由政务、官媒抖音号发布的爆款蓝V视频，企业蓝V的爆款视频偏向娱乐性质。在剧情设置上，套路与反套路成为企业蓝V爆款打造常用手法，除了趣味娱乐类，其他爆款视频内容类型还有情感共鸣类、萌娃萌宠类等。

（三）企业蓝 V 在各自垂类中的表现

政务、官媒蓝 V 抖音号在生产爆款视频上有得天独厚的优势，因此对于垂直行业的企业蓝 V 号来说，纵向提升自己在行业中的影响力，比单方面横向追求爆款视频重要得多。经过一年多的发展，很多抖音企业蓝 V 号短时间内飙升，成为行业黑马账号。

1. 汽车行业案例——@一汽马自达

与"深夜"相关的鸡汤类作品，一直受到抖音用户的青睐。

受影视作品《深夜食堂》的 IP 影响，截至 2019 年 9 月 24 日，仅"#深夜食堂"话题，在抖音上就有超 2.8 亿次播放。

在抖音短视频营销愈发火热的当下，汽车品牌也越来越多地选择拥抱潮流。一汽马自达于 2019 年 3 月入驻抖音，打造了汽车行业蓝 V 首个竖屏短剧——《深夜专车》，通过竖屏短视频内容传达人生态度，传递马自达"走自己的路"这一品牌主张。

@一汽马自达

#深夜专车 成一事，遇一人，择一城，过一生。致所有为生活，而努力的你们。

 保存图片到相册 打开抖音立即看到

第一章 趋势分析：短视频成为移动营销的重要入口

与汽车品牌传统的横屏 TVC 广告不同，《深夜专车》通过"竖屏＋故事"模拟生活场景，让用户融入视频语境中，并凭借走心的内容拉近品牌与用户之间的距离，提升互动效果。

在不到 10 天的时间里，一汽马自达官方抖音号涨粉 12 万，蓝 V 主页收获约 27 万访问量，6 支《深夜专车》话题视频播放量已超过 3000 万，获赞近 500 万……一汽马自达成为汽车行业抖音企业号中的黑马。

如果说"深夜"话题成功吸引抖音网友关注，话题中的故事人物也为《深夜专车》系列故事进行流量加码——马自达邀请到了潘粤明、杜淳、Mike 隋三位风格各异的明星，他们以自述方式与司机对话，谈生活的感慨，金句频出。

比如，面对司机师傅的搭讪："我感觉您是个乐观的人"，潘粤明道出生活感悟："每个人都是生活的主角，主控权在自己手里，当然要把生活当成喜剧来拍了。"

再如，面对司机师傅的感慨："您看着和以前比确实变了"，杜淳为自己打气："过去不用怀念，希望能追赶上未来。"

在一汽马自达走心的创作下，网友好评如潮。视频通过传递正能量，一方面治愈用户引发共鸣，另一方面也将品牌原生植入，配以明星金句和带动力，向观众传递品牌理念。

2. 手机行业案例——@小米手机

2019 年 1 月初，小米 - 抖音全球首家抖音快闪店正式上线。据悉，此次小米将"红米 Note 7"的产品首发权独家授予抖音快闪店,首批十几万台备货,开卖 8 分 36 秒就宣告售罄。

任何成功都不是一蹴而就的,小米产品此次在抖音首发成功也是如此。作为"第一个吃螃蟹的人",为给此次抖音线上快闪店造势,小米在抖音上做了这 4 件事:

(1) 蓝 V 运营内容创新

@ 小米手机先是给红米 Note 7 起了个"小金刚"的昵称,随后围绕产品耐摔、耐磨、抗压的卖点,由企业蓝 V 号发起《小金刚能不能活过这一集》系列短剧。测试人员每一集都用各种各样的方式"残忍摧残""小金刚"手机,看看手机在被踩躏后,是否依然能正常使用。

在测试的第一天,小米邀请 7 位壮汉,轮番上阵对"小金刚"进行无情的踩踏,结果摧残过后的"小金刚"依然能正常解锁使用。

@小米手机

测试第一天,有点小嗨呦。评论里搞起来:你说小金刚,我就送!#拍抖音神器小金刚

 保存图片到相册 → 打开抖音立即看到

测试第二天,一位穿着高跟鞋的美女也加入了"虐机"挑战,小姐姐毫不留情地用鞋跟多角度狠狠踩踏地面上的"小金刚",结果"小金刚"又成功"幸存"。最终,"品质杠杠的"成为该系列剧收尾的洗脑金句,成功在用户之间传播。

@小米手机

测试第二天,来点狠的!高跟怪大战小金刚,地都哭了。#拍抖音神器小金刚

 保存图片到相册 → 打开抖音立即看到

(2)挑战赛+达人助力

与《小金刚能不能活过这一集》系列短剧一同上线的,还有话题"#拍抖音神器小金刚",截至2019年9月29日,该挑战赛播放次数已达2.2亿。@蔡幸彤-宸荨樱桃、@聂小雨等知名抖音达人分别在该话题下发布了自己测试产品特性的创意视频,进一步扩大了"小金刚"的声势。

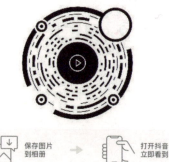

@聂小雨

你走吧,即使手机摔不坏,我们也再也回不去了。#拍抖音神器小金刚

(3)企业大佬出镜造势

@小米手机

第三集,我们请了雷总坐镇,亲测小金刚#拍抖音神器小金刚

为给"小金刚"造势,在发布会前一天,雷军突然出现在@小米手机的抖音号中,献上了自己在抖音上的首秀。视频中,雷军也参与了《小金刚能不能活过这一集》魔鬼测评,大玩抖音热梗"水滴石穿",号召网友关注并加入测评行列,引爆了网友的参与热情。

(4)发布会抖音直播引流

"小金刚"发布会当天,@Redmi红米手机在抖音上全程直播,抖音的开屏页面、推荐界面的直播天窗、直播广场的首页banner都被小米新机发布会信息霸屏，形成强流量入口，为小米在抖音快闪店引流。

凭借"蓝V运营+达人挑战赛助力+企业大佬出镜造势+发布会直播引流"一套完整的线上营销打法，小米新机实现了在抖音上成功带货。

首先，从营销路径上看，抖音的线上快闪店比传统线下快闪店成本更可控、形式更灵活，清晰的数据统计方便品牌收集和监测信息，为下一次高效营销提供有价值、可借鉴的经验。

其次，抖音平台本身3.2亿的DAU给予本次营销活动流量加持，与其他线上传统电商首发相比，小米充分利用了抖音开屏、直播等黄金入口资源，让用户迅速获取产品信息直达快闪店页面，缩短消费链路，完成一站式购物。

3. 食品行业案例——@蒙牛纯甄

2019年3月19日—3月24日，@蒙牛纯甄在蒙牛纯甄黄桃燕麦酸奶新品上市的重大节点，在抖音上发起"#你的元气撩到我"挑战赛。截至2019年9月30日，该挑战赛总播放次数已达56.7亿。

据悉，挑战赛刚上线便通过短视频话题持续发酵，实现病毒式传播，首日视频播放量突破7亿，上线7天挑战赛播放量超37亿。

（1）明星+达人助推

此次挑战赛邀请到孟美岐、张紫宁、吴宣仪、李紫婷4位高人气火箭少女101成员，以蒙牛纯甄代言人身份拍摄海报宣传，奠定了流量基础。

随后，在抖音KOL的选择上，蒙牛纯甄选择具有明显身份特质的头部KOL——@美少女小惠、@办公室小野、@牙医长晟，主攻没时间做早餐的上班族，通过花式演绎输出观点："没时间吃早餐就喝蒙牛纯甄黄桃燕麦酸奶，一秒让你恢复元气"，将酸奶产品与早餐场景深度结合，培养用户认"甄"吃早餐的认知。

第一章 趋势分析：短视频成为移动营销的重要入口

@美少女小惠

来一份充满仪式感的早餐#你的元气撩到我

 保存图片到相册 → 打开抖音立即看到

如@办公室小野将视频场景设定为公司上班打卡后，准备开始工作的时段。通过喝酸奶前后同事表现出的精神状况反差，体现产品主要卖点——喝酸奶前，黑眼圈重重，无精打采；喝酸奶后，整个人精神满满，元气十足。

@办公室小野

超元气早餐，"甄"的不一样~#你的元气撩到我

（2）挑战赛玩法出圈

"#你的元气撩到我"挑战赛在玩法上也有所创新。品牌不仅承诺在挑战赛中表现优异的创作者能够成为蒙牛纯甄品牌的合作伙伴，蒙牛将帮助他们上抖音热搜，将其作品进行全网传播，还设置了丰厚的奖品：点赞数总排名1~5名获酸奶+Kindle，6~10名获酸奶+运动耳机，另有18名幸运用户可获得元气奶卡。

看起来触手可及又充满诱惑的奖励激发了普通用户的创作热情，成为活动上线后挑战赛关注度和参与度的强力助推器。

4. 服饰行业案例——@YISHION 以纯

2019年5月19日—5月26日，@YISHION 以纯在抖音发起"#以纯心动520"挑战赛。挑战赛规定，用户使用以纯专属贴纸拍摄视频，并在视频中做出比心手势即可参与比赛，官方将根据参与挑战的视频关联度和点赞数，为排名在前50名的用户颁发奖品。截至2019年10月4日，该挑战赛播放次数已达11.7亿。

（1）线上线下联动发力

线上，以纯通过开屏广告、信息流、抖音热搜榜、挑战赛等方式，借助抖音流量分发机制，实现传播裂变；同时，通过线下网红区打卡、视频上传的方式，整合自己线下数千家门店的资源优势，实现线下反哺线上的社交互动。

#以纯心动520 只有爱没有季节，以纯休闲服一年四季都爱

 保存图片到相册 → 打开抖音立即看到

此次挑战赛，以纯借势"520"的节日热点，在年轻消费群中实现最大程度的品牌曝光；通过达人到店换装潮拍、消费者门店打卡、夏季新品硬广投放等方式，打通线上线下，发挥挑战赛的最大价值。

（2）迎合年轻消费群体

年轻用户善于通过视频网络社交的形式表达自己，"#以纯心动520"挑战赛既符合抖音时尚、前卫的平台场景，又迎合了用户解锁潮流、彰显个性的需求。在潮流达人示范视频的引导下，用户参与热度高涨，视频种草效果显而易见，最大化助力营销价值实现。

第一章 趋势分析：短视频成为移动营销的重要入口

据统计，挑战赛持续期间共获得22.8万+用户参与，参与挑战赛的门店销量同比增长约20%。

此外，在挑战赛的奖品设置上，第1名为价值3000元的戴森吹风机，第2～3名为价值2268元的Beats无线耳机，第4～6名为520元购物卡；第7～50名为99元吸管杯。可以看到，对年轻用户来说，无论是吹风机、无线耳机，还是购物卡，都具有实用性，满足了他们的生活所需，起到了一定的刺激作用。

五、抖音 2019 年度五大发现

截至 2019 年 7 月，字节跳动旗下产品总日活超过 7 亿，总月活超过 15 亿，其中抖音日活超过 3.2 亿。

头条易头号数据研究院深入分析了过去半年拥有 5 亿用户的抖音在平台、内容、创作者端的新趋势、新变化。

（一）文化教育类创作者强势崛起

头条易头号数据研究院提供的数据显示，在 2019 年 1 月 1 日至 2019 年 6 月 30 日期间，抖音平台上的粉丝破千万和百万的创作者数量翻倍。

其中，创作者成长较快的垂类有：影视、旅拍、教育、民俗、本地生活、传统手工艺、体育、科技、美食、汽车等；创作者吸粉能力较强的垂类有：才艺、文化教育、娱乐、时尚、科技、动漫、颜值、明星、美妆、游戏、汽车等。

从垂类抖音号粉丝的涨势上来看，知识类抖音号创作者已迎来春天。2019 年 1 月 1 日至 2019 年 8 月 8 日，抖音文化教育垂类粉丝过万的创作者数量增长高达 330%。

截至 2019 年 4 月 30 日，抖音上粉丝过万的知识类创作者近 2.9 万个，累计发布超过 664 万支知识类短视频，累计播放量近 6600 亿。从内容整体水平来看，万粉知识类作者所发布的视频数、条均播放量、分享量、粉赞比，都远高于平均水平。

如今，抖音的"DOU 知计划"已正式升级，优先把知识类创作者纳入"创作者成长计划"，从平台资源、创作者培训、商业变现等维度提供支持。未来一段时间，抖音"文化教育"内容这匹黑马或迎来新一轮流量升级。

（二）抖范 Vlogger 与传统 Vlogger 同台竞技

传统 Vlogger 是指拍摄 Vlog 的视频博主，以影像代替文字或照片，记录日常的生活，用视频网络日志的方式展现给网友。这类 Vlog 内容多为记录作者的个人生活日常，内容涉猎广泛。

抖范 Vlogger 是指抖音原生的 Vlog 创作达人，他们会在传统 Vlog 基础上增加抖音特色内容。如转场或运镜等技术流拍摄手法、抖音原生字幕、BGM（背景音乐）、平台热梗等，丰富视频表现力。

从欧阳娜娜发布留学 Vlog 不断登顶各大平台热搜起，Vlog 就因其独特的视频内容风格逐渐成为备受国内年轻用户推崇的表达方式。同时，Vlog 的商业价值和市场空间也正在被各类 MCN 机构聚焦。

在视频进化路线上，国外用户经历了长视频、Vlog、短视频的逐步发展，国内用户从长视频直接过渡至短视频后，Vlog 才刚刚兴起。如今短视频领域红利拼抢激烈，用户对以"影像＋音乐"的方式记录和分享真实生活的视频需求加大，使得 Vlog 成为短视频平台新一轮竞争的重要突破口。

2018 年年末，抖音出现了 5 分钟的长视频。当时就有部分人猜测，抖音可能会通过引入 Vlog 和短剧等形式，丰富平台内容，提高用户留存时间。

从时间上来看，抖音虽然不是第一个发起 Vlog 召集令的平台，却是能让素人与专业 Vlogger 同台竞技的平台。

头条易头号数据研究院统计数据显示，2019 年在抖音平台活跃的 Vlog 话题有#21 天 Vlog 挑战、#我是抖音 Vlogger、#Vlog 日常、#Vlog 旅行记等。其中，#Vlog 日常播放次数最高，截至 2019 年 10 月 27 日，该话题播放次数已突破 568 亿。

综合研究点赞数破百万的抖音 Vlog 视频发现，素人在抖音上若想和专业 Vlogger 同台竞技，1 分钟左右的抖音微叙事体 Vlog 视频，成为最好的选择。

这些实现弯道超车的抖范 Vlog 视频有 4 种：

(1) 以@温格夫妇、@阿莉和小王为代表的情侣日常；
(2) 以@恋与白侍从、@恋与三岁为代表的兄妹、兄弟日常；
(3) 以@尿尿是只猫、@滚滚不是广坤为代表的萌宠日常；
(4) 以@叫我学长、@豇豆和它的奶奶为代表的爷爷/奶奶日常。

这 4 类抖范 Vlog 视频契合了抖音"记录美好生活"的 slogan，可以说是素人与专业 Vlogger 同台竞技时最有力的内容题材。

（三）平台热门道具统治级主导话题/挑战赛

2019 年上半年，抖音上哪些热门话题/挑战赛最受追捧？

进入用户视野的主要有#我就是"控雨"有术、#合拍、#我变脸比翻书还快、#比心发射盛世美颜、#你是魔鬼吗等。

以上热门话题均显示出平台热门道具的威力。强运营、产品特征明显的道具常常成为话题/挑战赛的引爆点。究其原因，"傻瓜级"拍摄道具降低了用户参与的门槛，释放了用户自我表达的需求，互动量自然飙升。热门道具也因此显示出统治级主导地位。

很多资深抖音玩家的作品看起来非常高大上，实际上拆解开来，就是把抖音上一些特效叠加应用而成。比如：控雨特效+延长特效=雨神；控花效果+延迟特效=花神。灵魂特效+抖动=鬼畜。

而抖音特效与时俱进，常常加入新鲜、潮流、情感等元素。学会这些拍摄技巧，掌握道具使用，你也有机会超越技术流老前辈。

（四）音乐对商业视频播放量、互动量提升高达 300%

在抖音，男性用户倾向于"观看"，是"观看者"；女性用户参与度更高，更愿意追随平台潮流为平台生产内容，是"追随者"。所以一首 BGM 能否取悦众多女性用户非常关键。

抖音内容和 BGM 是鱼水关系，甚至很多时候是一首 BGM 成就了一条爆款视频。那么，最高频使用的抖音音乐是哪一首呢？

2019年上半年Top音乐播放量榜单显示，《你笑起来真好看》以375万日最高播放量、170万日最高引用量排名第一；《绿色》以331万日最高播放量、126万日最高引用量排名第二；其他依次为《皮一下很开心》《心如止水》《新年快乐》《空山新雨后》《爱你三千遍》《宠坏》《只是太爱你》《幸福中国一起走》《恭喜发财》《习惯你的好》《暖暖的小幸福》。

从2019年上半年高频使用的BGM来看，孩子气、低幼版的音乐更受青睐，尤其更受女性用户青睐——彼得潘综合征主宰了抖音流行文化。

此外，洞察数据发现，BGM能不能火，不仅看旋律，还要看"抖感"。大部分流行BGM画面感强烈、场景化、节奏性强，适合配舞。比如，四四拍的歌曲更契合流行趋势，虽然歌词不文艺、很直接，但足以让人脱口而出。

如今，短视频已成为人们发现音乐、触碰音乐的核心平台之一。数据显示，2019年1~5月，抖音乐库上传的音乐作品已经超过100万首。带音乐的作品数占总作品数的82.5%，并呈逐月上升之势。

1. 音乐让短视频更具传播力

研究发现，对比大盘数据，音乐可将短视频的播放量、互动量提升20%左右。

相对于普通视频，音乐对商业视频的影响力更大。据统计，音乐对广告视频播放量、互动量的提升最高达 300%。可谓选对一首 BGM，广告就成功了一半。

不过目前音乐在广告视频中的应用比例远低于音乐在普通视频作品中的比例，这一点值得品牌商和创作者更多关注。

2. 热门音乐集中头部，走红抖音全凭实力

抖音音乐作品的流量头部集中现象明显，总播放量前 10% 的音乐日均播放量为剩下 9 成作品的 1859 倍。头部音乐作品显然获得了更多的注意力。

但是从粉丝量来看，Top 音乐创作者粉丝量依次为：@陈雪凝（870.8万）、小潘潘（173.4万）、丁芙妮（146.1万）、音阙诗听（271.8万）、HigherBrothersWorldWide（29.1万）、Ariel 李昕融（27.8万）、乐华娱乐（12万）、王理文（2.2万）、声韵文化（1.1万）、看见音乐（1万）。

Top 10 的音乐创作者中，仅有 4 位的粉丝数量达到百万，而音乐视频的首发者中更是无一百万粉丝达人。这可以理解为：热门音乐的产生与音乐作者或首发者粉丝量没有强关联，一首歌想在抖音中走红还是要看音乐作品本身的力量。

音乐毫无疑问已经成为抖音的"必需品"，在内容生态的快速发展下，抖音音乐显现出对品牌营销的强大影响力。

（五）专业 KOL 赋能母婴营销

拥有良好教育背景的 90 后女性已经成为母婴品牌的主力目标用户，她们正值婚育当口，对母婴、教育的兴趣高涨。

数据显示，90 后女性对母婴品类的关注度为：玩具 27%、安全座椅 25%、童车 23.4%、童床 12%、营养辅食 6.4%。

她们是很多母婴达人的粉丝，日常学习各类育儿技巧，主要关注的账号为@年糕妈妈、@育儿女神蜜丝懂、@芒果主播雪儿妈等。

也正是在这种背景下，在母婴领域，KOL 的专业性最受关注。

母婴用户人群对科学育儿知识的获取有大量需求，但孕产、育儿知识来源庞杂、可信度难辨等问题是用户最大的痛点。

优质达人很好地解决了这些痛点，他们不仅关心宝宝的健康成长，同时还关心宝妈的身心和生活，凭借专业、可信赖的行业背景、知识源，为妈妈用户提供优质内容。

平台和 MCN 机构在不断培养"母婴红人"，其中"专业性"是核心。这些 KOL 基于科普内容，建立起全面的知识库，给妈妈提供更全面、更体贴的服务，帮助妈妈们轻松带娃，快乐生活。

第三节　竖屏营销五部曲

在移动互联的发展过程中，用户的观看习惯已经从传统电视、PC 时代的横屏迁移到了移动手持终端的竖屏模式。这种用户习惯的改变意味着品牌营销方式必须迭代——竖屏成为更好的选择。

数据显示，竖屏视频点击率比横屏高 1.44 倍，互动效果提升 41%。而放眼国外，全球的营销行业都保持了相同走势：

Snapchat 上竖屏视频广告播放完成率比横屏视频广告高 9 倍；Facebook 研究表示移动互联网广告中采取竖屏视频带来的回想度为 46%，横屏为 31%，传统图文则是 23%……可见，竖屏营销已然是大势所趋。

相较于横屏视频而言，竖屏的优势不容小觑：竖屏不仅是当下短视频产品的主流表达方式，还可以自然占据手机全屏，让内容展示面积扩大了 3.16 倍，加剧沉浸体验；并且从观看操作上来说，点开即可见，减少了横屏需要转换手机方向的中间步骤，让用户互动更自然顺畅，使营销的转化率和长尾发挥空间有了显著提升。

作为国内短视频行业领先者的抖音，打造了多起品效合一的竖屏营销案例。

@喵不可言

画三天m豆，一旦起风，就要重来。成果背后，不知付出多少时间和努力#m豆戏超多

保存图片到相册 → 打开抖音立即看到

实践证明：竖屏营销能够带来更便利、更有沉浸感、互动性更强的传播效应。

1. 更便利

人们在使用手机时更习惯竖持手机，因此竖屏营销内容对移动设备用户来说更具观看便利性。竖屏视频与功能界面的高度适配，为用户营造出真实的交互感，这是图片、文字和横屏内容都不具备的。

2. 更有沉浸感

相比横屏视频，竖屏视频更直观，更有现场感，能带来沉浸式的观看感受，让受众深陷视频情景，拉近内容与观众的距离。

3. 互动性更强

全面竖屏以及极度原生的视频，更能够充分激起用户的共鸣和参与感。除了常规的点赞、评论和分享，用户还可以通过UGC跟风开脑洞参与到品牌创意之中，与品牌形成一种更为紧密、持续的互动关系，让品牌影响力延续下去。

短视频当道，视频营销已经跳出横屏一统天下的局面，竖屏营销势如破竹。品牌借势抖音平台，势必会开拓出竖屏营销的更多可能。

平台、代理商、品牌、MCN机构等多方联手共建短视频营销新生态，竖屏营销已经成为产业上下游纷抢的价值高地。

F5创始人范耀威认为，竖屏营销放大了品牌的创意空间。专业营销人可以更大胆地开拓创意疆界，去想一些更疯狂、更有创意的作品。

180资深副总裁兼首席创意官李浪认为，要想让竖屏营销走得更远，就必须依赖更专业的团队，来打造更强的案例，所以需要开发更多的商业模式，把竖屏营销变得更加实用。

马马也创始人兼CEO莫康孙认为，未来竖屏营销会随着移动端普及成为主流，影响效果也会越来越大，但是，只有视听双效、立意创新、制作精良、信息集中的优质内容，才能脱颖而出。

抖音是移动竖屏视频最具代表性的平台之一。在抖音做竖屏营销，首先需要强调互动性和趣味性——抖音聚集的用户群都在通过这个平台表现自己，跟随潮流创新。

对抖音自身来说，竖屏营销已经不是一个新词。抖音率先洞察到竖屏短视频在移动互联网时代的表达优势，并一直在推动"营销竖屏化"。

通过和品牌方共创探索模式，抖音不仅诠释了如何升华品牌理念，更对今后短视频行业平台＋品牌的创意驱动发展模式提供了不少实战案例，极具借鉴意义。

抖音的品牌创意玩法以及营销模式对于很多品牌乃至传统营销代理公司来说都是全新的，不仅汇集海量PGC＋UGC内容，更有达人矩阵效应加持。认证MCN机构成为联系起平台与品牌主的桥梁。

平台与品牌共创联动，并积极调动众多专业机构共同"抖起来"，促成了传统品牌与新型社会化营销模式的创意碰撞。

抖音带来的"竖屏革命"已经席卷短视频营销领域。竖屏视频能在时间和空间上为品牌带来更高的营销价值，满足品牌营销的多种需求。

数据显示，67％的数字营销决策者已经开始使用竖屏进行品牌营销，

44%的数字营销决策者认为竖屏营销能提升品牌知名度，36.1%的数字营销决策者认为竖屏营销能有效提升产品销量。

基于短视频用户行为分析以及品牌方对于竖屏营销的需求分析，竖屏营销可分为五部曲。

一、直击受众：挖掘垂类潜能，聚焦细分人群

对于品牌而言，垂直内容能够精准直击目标受众，帮助品牌在最短的时间内找到潜在用户，完成品牌与受众的无缝对接，激发新的销量增长点。

例如，携程旅行在2019年国庆旅游黄金周期间，联手抖音打造"Fun肆之旅，游抖一下"旅行季活动，基于旅行内容，聚焦年轻人群，通过头部达人实拍示范，展示旅行途中的美好体验，号召用户在黄金周用抖音记录美好旅行。携程运用"短视频+旅行"全民种草新模式，激发用户"拔草"愿望。

二、搭建关系：搭乘精品内容，营造品牌信任

精品内容能提升用户对产品的偏好度、品牌体验度、品牌价值认同，建立消费信心。消费者通过好内容感知到好产品和美好的生活方式，同时也提升精神层面的愉悦感。

如万宝龙借助抖音@美好映像志账号，将运动腕表软广告与炫酷运动画面相结合，从视觉上引燃用户的观感，使之与万宝龙腕表的品牌、产品关联起来。

@美好映像志

SUMMIT 2#不止向前

保存图片到相册

打开抖音立即看到

三、拥抱技术：借力技术创意，制造品牌超验感

抖音通过自身技术优势，不断开发适用于营销的技术产品和玩法，激发更多创新性内容互动。比如创意定制贴纸、BGM创作互动等新技术和新玩法，为用户提供更为丰富的互动形式，也为品牌合作提供更多创新营销的想象力。

如vivo为推动vivoX21魅夜紫新配色手机上市，通过抖音定制魅夜紫彩妆，实现人脸识别精准3D上妆，妆容智能动态贴合人脸。视频前后变装的巨大反差体验，有助于用户感受vivo魅夜紫的独特魅力。

@vivo

变出花young,紫成一派 敲黑板,你的抖音课代表已上线,紫成一派贴纸怎么玩?

保存图片到相册 → 打开抖音立即看到

四、引领分享:明星达人引领,助力品牌声量裂变

数据显示,超过42.5%的数字营销决策者在竖屏营销中选择明星、达人视频定制作为营销内容,超过70%的用户因为受明星、达人的推荐影响而产生消费行为——在抖音上,明星、达人能帮助品牌大大提升内容曝光度,加速完成前期冷启动。

如全新BMW X3上市前,通过赵又廷、宋佳等高流量价值的明星引领分享,为宝马新车上市带来了"强曝光、高互动、粉丝沉淀"等营销价值,实现品牌声量裂变。

@宝马中国

赵又廷 宋佳 联袂出演,《神奇爸爸》全网热映,幕后更精彩。@抖音小助手

 保存图片到相册 → 打开抖音立即看到

五、营销转化：建立自有阵地，构建长效营销生态

建立自身营销阵地能帮助品牌实现吸引粉丝、提升粉丝黏性、提升转化效果三大价值。

作为首批拥抱抖音企业蓝 V 账号运营的品牌之一，vivo 率先在抖音短视频平台开设账号建立品牌营销阵地，通过广告投放、发起挑战赛、赞助活动等方式快速积累粉丝。目前，vivo 抖音官方账号累计集聚近 200 万粉丝，获得超过 1900 万次点赞。

总体而言，竖屏短视频已成为移动营销时代的重要流量入口，要抓住这一新的流量入口，需要持续地进行内容运营。通过更好的内容创意激发用户的社交扩散，充分挖掘创作者及专业机构的内容生产能力；让人工智能和大数据技术为营销赋能，实现营销内容与受众的精准匹配，让更好的品牌内容遇见对的人。同时，竖屏营销还可以与品牌所有的营销体系协同作业，通过内容和平台联动，创造更大的裂变效应。

第二章
品牌营销：玩转竖屏三域流量

第一节　私域流量

一、"三域理论"营销流量场

2018年以来，以抖音为例的UGC移动视频平台在营销场景、转化路径、互动营销等方面彰显出巨大价值。

"三域理论"营销流量概念登场，以"私域流量""公域流量"和"商域流量"归纳流量在抖音平台上的沉淀和转化通路。

"抖音平台还有一个变化，之后这种属性会越来越强烈——它并不是单一的流量平台，也不是简单的互动平台。"抖音相关负责人指出，抖音有非常广泛的公域流量，它可以做很好的UGC互动、传播裂变和口碑营造。同时也有很好的商域流量，通过智能技术使得广告高效、智能，缩短营销路径。如果品牌在抖音平台长期经营，还可以得到优质的私域流量，可以不断地去沉淀内容资产和消费者资产。

抖音平台上的私域流量、公域流量以及商域流量，这几种流量池是如何划分的？作用分别是什么？一般可以这样理解：

第二章 品牌营销：玩转竖屏三域流量

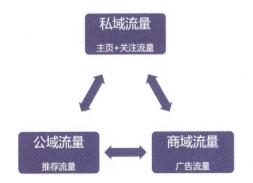

1. 私域流量

私域流量指企业能够自主经营管理的流量，主要包括企业蓝 V 主页+关注流量。这些流量沉淀在企业的抖音阵地，通过有效管理和运营可反复使用。蓝 V 内容阵地私域流量运营主要包括装饰搭建、组件、私信和 CRM（客户关系管理）等。

构建私域流量池，目的是为了实现更好的商业价值，比如构建更好更快速的变现路径，实现更高效的复购等，以提升业绩，降低获客成本中的流量成本。

2. 公域流量

公域流量指的是平台提供的流量。相对于私域流量的自主经营，公域流量更具平台依附性，大部分是一次性流量。公域流量主要依靠内容创作激发，其中包括明星内容、达人内容、用户内容等。常用的运营手段包括挑战赛、专属贴纸、BGM 等。

3. 商域流量

商域流量指的是广告流量。抖音商域流量主要用于品牌导流、精准触达人群、个性化沟通等。产品形式主要包括开屏广告、信息流广告、固定位广告等。

二、蓝 V 运营全攻略

在抖音，私域流量主要指蓝 V 号自有流量。集私域流量与短视频优势于一体，抖音蓝 V 成为品牌营销黄金阵地。

经过一年多的迅速发展，抖音企业蓝 V 涌现出众多优质账号，占据垂直行业头部地位，还有许多优质账号在短时间内飙升，成为黑马。抖音蓝 V 运营是在流量越来越贵的当下，帮助企业构建专属流量池，启动自主深度运营进而促进转化的不二选择。

通过对手机、汽车、食品饮料、游戏、网络服务、服装配饰、餐饮服务、家居建材、零售、教育等十个典型行业活跃账号和飙升账号的分析，我们认为一些抖音蓝 V 企业运营私域流量的经验或可复制。

比如，vivo、宝马中国、王老吉等通过抖音蓝 V，在产品节点宣发、用户深度运营、品牌文化传播、销售转化等方面实现了价值落地。

一年间，在抖音蓝 V 这条崭新赛道上，各垂类市场占比高的品牌大多已就位，各显神通，拉开差距。其中，宝马中国、小米等入局早、敢于尝试、内容力和运营力出色的品牌持续领跑，成为行业的标杆和风向标。

不同于活跃榜中的"大品牌当道"，飙升榜 Top 10 中不乏睿夕女装、罗拉密码、达贤茶楼等处于初创、发展期的中小品牌。在抖音智能分发机制下，这些以内容见长的品牌快速吸粉，销量猛增，大有弯道超车之势。

发布榜单树立行业标杆外，抖音及其全效服务商整合线上线下资源，为品牌提供内容、运营服务。"掘金工具"在手，品牌借力抖音蓝 V 私域流量谋增长如虎添翼。

抖音蓝 V 为品牌提供了连接用户，驱动转化的绝佳生态。但各家的获益程度，取决于其蓝 V 运营水平。

（一）蓝 V 运营的 3 个误区

目前品牌官抖运营普遍存在的误区有三：

（1）了解品牌，不了解用户：把抖音当作官方消息发布渠道，内容只是改变了形式的新闻或产品通稿视频版。

（2）了解用户，不了解品牌需求：盲目跟热点蹭热度，什么火拍什么，没找准品牌定位，忽视了内容与品牌自身的契合度。

（3）了解战术，不了解战略：重执行轻策略，不做通盘思考，急于求成，以战术上的勤奋，掩盖战略上的懒惰。

品牌到底怎样运营官抖才能最大化发挥私域流量效用？

抖音与双微（微信公众号、微博）相比，优势体现为平台强运营+算法分发。数据赋能需要"看自己"和"看同行"，其中"看自己"包括看播赞比、赞粉比、用户画像分析、新增粉丝、用户互动数据等；"看同行"，指的是看新晋黑马、热搜热门话题、热门音乐、竞争对手数据动态等。

优秀品牌蓝V的成长可以分为4个阶段：

阶段一：根据品牌核心用户进行账号垂直定位。

阶段二：试探用户反馈。可以考虑翻拍一些热门账号或红人的内容，通过点赞、评论等收集反馈。

阶段三：及时总结，找到爆款共同点。优秀的蓝V运营人员会在内容发布后复盘总结经验教训，并且去发现爆款视频的内核特征继而复制成功。

阶段四：融入创新，适时调整。蓝V运营切忌"一招鲜，吃遍天"的思维，需要根据数据反馈、平台内容生态变化进行调整和创新，让选题内容既有统一性，又保持新鲜感。

（二）蓝V运营8大方法

在蓝V运营的过程中，品牌要想收获抖音私域流量，需要具备内容、平台两种思维。具体来说有以下8大方法：

道具法：用产品做道具，将品牌自然植入消费者心智。比如@奶牛大魔王使用旺仔牛奶作为短视频剧情演绎的道具，提升用户对产品的好感度。

@奶牛大魔王

#玩百万寻找战斗天使 参加活动，我的天使，可以喝的

 保存图片到相册 → 打开抖音立即看到

系列法：打造系列内容，持续不断地产出跟自己的品牌、产品、调性相一致的系列内容，形成统一风格。

如@Redmi红米手机新品主打口号为"质量杠杠的"，红米巧妙选择了极限运动的内容方向，并与产品质量特点相结合，发布了主题为"#四摄小金刚运动会"的系列视频，视频剧情轻松活泼具有趣味性，系列内容统一的风格调性形成了用户持续观看的期待。

第二章　品牌营销：玩转竖屏三域流量

@Redmi红米

四摄小金刚运动会，面对泰山压顶，#RedmiNote8 Pro能否逃出生天？

互动法：除了视频内容、评论区积极引导用户参与外，充分利用平台各种低门槛、易参与的道具和玩法引导互动，让用户深度参与。

比如，2019 年 8 月，@金龙鱼 1:1:1 作为第六季《中国达人秀》的特别支持企业，携手抖音平台共同打造"金龙鱼×中国达人秀"超级 IP 项目，以发起"#2019 舞出好比例"挑战赛的形式，聚集用户参与活动。

为增强互动性，金龙鱼在挑战赛中定制了活动专属特效贴纸，将达人秀舞台"搬"到抖音，让金龙鱼产品以小油人的卡通形象出现，做出摇旗呐喊的动作，为进行才艺表演的用户加油助威。该贴纸还设计了彩蛋，当用户做出点赞手势时，就会有"全能达人"的字样出现在用户头顶。点击该字样跳出的链接，可直接跳转到金龙鱼官方旗舰店。充满惊喜的玩法引发围观用户的好奇心，从而引发一轮互动热潮。

077

竖屏：短视频营销品效合一硬核方法论

干货法：输出有用的知识技能，给用户充电。比如@老爸评测、@醉鹅娘分别以日化用品科普、酒类小知识等内容为主，满足了用户的探索欲。

场景法：直接展示产品使用场景，多以快消品、美妆品牌为主。比如 @喜茶、@仙女酵母通过产品的使用场景，给粉丝种草。粉丝可以通过场景获得身份认同，达成品牌与粉丝的信任关系。

人格化：通过构建人格化形象，并持续不断地产出内容，给品牌带来话题热度，输出品牌个性价值观。另外，保持更新频率可以提高用户的观看预期，个性化表达和神回复评论能加强用户黏性。比如@网易游戏塑造了一个萌蠢的"小易"形象，它喜欢追求新鲜好玩的游戏，并在 ChinaJoy 游戏展期间大放异彩，拉近了账号与粉丝之间的距离。

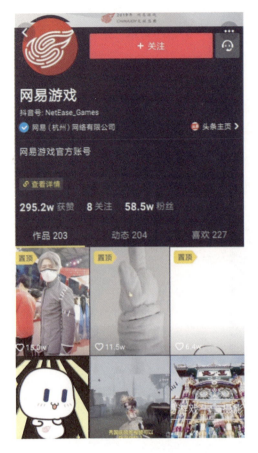

分身法：以小博大，多点布局，搭建蓝V矩阵。蓝V中的代表矩阵有@维意定制家居、@文弘音乐等，几乎都是大号带小号，协同作战。

第二章 品牌营销：玩转竖屏三域流量

@维意定制家居

我就不信这些变形家具，你全都有，哼~

热点法：时刻关注并追踪平台的热门内容以及跨平台的社会、行业热点，注重内容的新鲜性与活跃度，可参考热搜榜、最热视频榜，还有发现页的热门挑战赛等。比如2019年6月，零食品牌蓝V@你的爱抖乐事联手大热综艺《花样新世界》发起挑战赛，收获18万新增粉丝，成效显著。

三、蓝 V 账号矩阵搭建心法

由于业务线众多，很多企业已经或主动或被动地建立了自己的抖音账号矩阵。比如手机行业的小米，旗下矩阵账号包括@小米手机、@小米商城、@小米有品、@小米电视、@小米员工的日常等。

"账号矩阵"是一种账号运营的高阶玩法，指一个运营主体开设或联动多个账号，账号之间相互引流，实现流量分类，精准转化——以账号组的形式实现营销效果最大化。

抖音蓝 V 生态体系内，不同量级、不同行业的蓝 V 开设账号矩阵的初衷也不相同，但总体而言开设账号矩阵的目标分为两类：1、扩大覆盖垂类；2、增加业务营收。

目前，虽然已经有很多蓝 V 在抖音尝试账号矩阵运营，但整体而言抖音蓝 V 账号矩阵搭建与运营技巧上还有很大的增长空间。

（一）账号矩阵 3 大优势

纵观一些头部蓝 V，可以发现账号矩阵可实现 3 个效应：

（1）多点效应

运用不同类型的账号实现多点开花。比如 papitube 旗下 @ papi 酱、@ itsRae、@ 网不红萌叔 Joey 这些账号之间的内容几乎没有重叠，属于不同领域，覆盖了搞笑、旅游、情感等热门赛道，实现了"人无我有"。

（2）增幅效应

利用子账号为母账号导流，增强和放大母账号的影响力。比如 @ 彭十六 elf 的日常、@ 彭十六的小棉袄的自定义背景图都有"关注大号""彭十六 studio"等字眼。

（3）互助效应

同一矩阵下账号形成一个类团体组合，账号内容相互串联，并相互引流。比如 @ 不齐舞团的每个成员都开通了抖音账号，而且账号 ID 带有队名标签。

（二）账号矩阵 5 种搭建方式

账号矩阵搭建方式需要根据品牌运营情况进行选择。具体来说包括以下 5 种方法：

（1）辐射式

母账号带起多个子账号，每个账号都在品牌背书下开展运营，且子账号也是企业账号。辐射式的优势表现为可利用品牌背书迅速带起子账号流量，适用于认知度非常高、拥有多条产品线/多地服务的品牌。

（2）蓝 V＋员工式

蓝 V 账号＋品牌员工账号组合起来为品牌形象服务。优势表现为员工账号具有真人属性，并且可以独立运营，与抖音用户更亲近，适用于服务型企业。

比如美团蓝 V 阵容中@美团外卖、@美团骑手、@美团玩乐、@美团酒店、@美团门票等以官方内容为主，相对更正式；个人阵容包括@美团阿博、@美团小春哥、@美团兔牙小妹等，反映了员工的日常，更接地气。

（3）中心式

开设多个账号，每个账号拥有独立的人设，且有完整的内容系列呈现，但都指向品牌。中心式的优势表现为通过多个账号，针对不同纬度，同时向品牌导流，增强品牌力，适用于品牌力较弱，需要提升影响力的蓝 V。

比如轻课旗下有@潘多拉英语 by 轻课、@极光单词 by 轻课、@王牌纠音 by 轻课等账号。

（4）纵向式

在品类的细分领域中建立子账号，根据分类发布不同内容。其优势表现为打通上下游，增强粉丝黏性，将粉丝锁定在矩阵下，提升忠诚度。纵向式适合针对某一类人群，能够为其提供多种产品/服务的蓝 V。

假设某美妆品牌使用"纵向式"搭建矩阵，可分为三类，一级分类化妆教程，二级分类彩妆种草、三级分类口红试色。

(5) 漏斗式

开设一个（多个）子账号做无商业化内容吸引粉丝，母账号转化销售。其优势表现为子账号作为分解面，可以降低用户对广告的反感，最大程度吸粉，再将有购买需要的用户像漏斗筛选般导流至母账号进行下单。漏斗式适合需要实现销售转化的品牌。

假设某篮球装备品牌使用"漏斗式"搭建矩阵，可以通过子账号分发 NBA 集锦、湖人球迷、公牛球迷、CBA 集锦等内容以吸引流量，将需要购买篮球装备的用户导流至母账号。

以上账号矩阵搭建方法旨在为大家打开思路，搭建方式与适用情况需根据品牌自己的传播目标灵活掌握；不同的搭建方式、内容呈现、互动形式会导致账号矩阵产生不同的效应。

抖音为方便管理账号矩阵开设子母号功能，品牌母账号可邀请子账号加入账号矩阵。子母账号功能支持一个企业号授权自己的部分功能给另一个企业号，作为母账号角色，可以管理旗下子账号角色的功能设置、查看数据等。

（三）账号矩阵 3 个导流方向

针对搭建好的企业及达人账号矩阵如何落地运营的问题，这里提供 3 个导流方向：

(1) 资源入口导流

标题区@矩阵内的其他账号，用户只需点击该账号就可以直接跳转，大大缩短了引流路径；大号还可以在评论区@矩阵内的其他账号（作者回复一般会被默认置顶），激发活跃粉丝好奇心，进而完成对小号的导流。

个人简介作为一个对外窗口，是带号的最优选择之一。很多粉丝都是通过个人简介找到关注账号的更多内幕、八卦，甚至联系方式。

一些粉丝也会对达人关注的账号感兴趣，进而点击查看。直播过程中，可采用真人出镜或口播带号的方式为其他号导流。

比如@Sao呢师傅、@Dai呢师姐两个矩阵内账号互相关注，并以较高频率在作品文案中@关联账号实现相互导流。

（2）合作内容导流

如抖音上的金刚家族以"@小金刚"为首组建账号矩阵，旗下有@金刚爸、@金刚妈、@可爱的金刚嫂等成员，所有账号的内容是相互关联的，且不重复；用户想要接收全部信息就需要关注矩阵中的全部账号。

（3）共同参与话题导流

矩阵内所有账号共同参与一个话题/挑战赛。随着话题标签热度提高，便可以获得较大流量,当用户点进话题标签时,参与账号间可互相导流。

比如阿里旗下的蓝 V 抖音账号相对独立,但在双十一期间,阿里旗下所有蓝 V 账号都换上了天猫头像挂件为双十一活动造势,一来引导更多用户换上天猫头像挂件,二来大家族整齐亮相,有利于互相导流。

(四) 矩阵运营3个建议

搭建矩阵账号的方式可以彼此组合,多做尝试才能找到最高效、最契合的方法。矩阵运营过程中需要注意一些问题:

(1) 定位足够垂直

矩阵中的单个账号最好只专注一个领域,宁可成为"小而美",也不要盲目追求"大而全"。

(2) 账号之间形成内在联系

确保矩阵内的各个账号之间能够有某种关联,形成一个联结点,比如 @部落冲突利用抖音蓝 V 的内容矩阵模式,为新游戏"荒野乱斗"引流,既丰富了视频内容,也为"荒野乱斗"的冷启动打开了新局面。

(3) 多元运营广覆盖用户

由于单个账号大多专注于垂类,覆盖用户具有局限性,往往要拓宽内容、打破圈层才能获得更多用户,因此多元运营显得尤为重要,矩阵出击成王道。

经过3年多的发展,抖音的生态发生了巨大变化。

除了 slogan 从"专注新生代的音乐短视频社区"变成"记录美好生活"外,抖音账号从内容制作到商业化运营等一系列流程也呈现出系统化、标准化、集约化的趋势。

早期企业账号及素人们通过一个爆款视频就可以迅速获得关注,而现在依靠单个作品就能大规模收割流量的时代已经过去。

有业内人士表示,当前短视频内容创作进入了组织进化阶段,一个账号单打独斗闯天下越来越困难,集约化的形式或许可以解决单个账号难以解决的问题。在这种趋势下,流量矩阵模式应运而生。

以 papitube 为例，成立之初就签约了数十位短视频内容创作者，并不断孵化矩阵账号，通过影响力较大的"papi 酱"账号转发旗下达人的视频链接进行导流。现在，其旗下签约视频达人已经形成了一个优质短视频矩阵。

搭建抖音账号矩阵，无论是从传播效果、用户覆盖还是从商业变现来说，都比单个账号运营更有效。成型的账号矩阵，相当于一个拥有几十甚至上百根管道的私域流量池，如果偶有其一损坏，对整个流量池来说，也不会伤筋动骨。

第二节 公域流量

一、内容营销赋能商业化

公域流量一般是依靠自然内容获得的推荐流量,主要通过创作、运营获取。

从引流主体来区分,抖音上的公域流量包括明星内容、达人内容、用户(素人)内容带来的流量;从产品形式区分,包括挑战赛、贴纸、音乐引发 UGC 互动带来的流量;从内容发起主体性质来分,包括作者自发原创内容和抖音项目参与带来的流量。

二、抖音公域流量的原生价值

公域流量的重要价值是依靠原生内容及其运营,帮助品牌自然融入平台形成的社区,通过这一社区内特有的产品、KOL、场景进行品牌口碑传播。因此相对于私域流量,公域流量更多用于拓展品牌传播的广度,承担的任务侧重于精准触达更多的潜在用户,主打品牌展示曝光和原生融入。

从营销层面来看,并不是所有品牌的产品都适合私域流量。运营私域流量的主要目的在于追求更便宜的流量、更高的转化率、更大的用户价值,所以私域流量更适合高频次消费、有复购性的产品或服务,如美妆、餐饮、服饰、课程等。与之相对,像汽车等大件商品,则更看重公域流量价值。

在抖音,由于平台的智能分发特征,只要系统判定内容足够好,有足够多的受众,即使是粉丝不多的小号,也能从公域流量中以小博大,赢得高曝光量。所以,把抖音平台公域流量源源不断地向品牌蓝 V 主页的私域流量池中引流,是性价比最高的操作。有效利用好公域流量,是所有品牌的必修课。

三、如何俘获抖音公域流量

（一）创作：增加账号推荐权重

1. 更出色的视频作品

为什么有些账号流量始终较高？就是因为它们最初发布的作品很优质，使这些账号的权重很高。

因此运营抖音号，从一开始就要确立清晰的内容定位和人设定位。而不是朝秦暮楚，今天通过美妆吸引了一批粉丝，明天发布剧情类作品，缺少规划性，导致不够垂直，无法通过垂类深耕实现精准吸粉。

选定垂直领域后，还需要为抖音号树立"人设"，降低用户认知门槛，放大优势和差异性，让用户对账号发布的视频作品形成期待。

运营者在定位品牌人设时，需要认真思考以下4个问题：

（1）我的主要用户是谁？
（2）我的用户需要什么样的品牌人格？
（3）我的产品在什么故事情节下展现？
（4）竞争对手的人格形象是什么？

围绕人设进行作品创作，更容易有针对性地产出好作品，同时让用户更容易识别到自己的品牌账号。

一些自嗨型作者很容易觉得自己拍的东西非常好，但实际上发布的作品并不是用户所需要的，导致抖音号突然没了流量推荐。这时首先应该进行自我审视，产品软植入创意是否优秀？账号日常内容质量是否下降？无法获得推荐的时候需要多听听粉丝的声音。

2. 追求更高的完播率、点赞率

完播率和点赞率是抖音视频能否被推荐到更大流量池最关键的两个指标。

以下图作品为例，其同类作品同期有3~4个，但唯独它脱颖而出。为什么其他同类视频点赞不高，播放量也不多？就是因为其他视频都很长，几乎都是60秒。但下图这条视频，只用了十几秒的时间，其完播率远高于其他视频。因此如果没有一个优秀的团队去策划吸睛内容，建议视频还是稍短一些。另外，视频的文案要给用户想去评论的欲望，文案不能一心只想着带货，导致文案太像广告，令人丧失兴趣。毕竟流量提升，转化率才会提升。

（二）运营：灵活运用挑战赛、贴纸

1. 抖音挑战赛获取公域流量

想让抖音挑战赛名利双收，除了红人选择、流量配置外，内容创意策略非常重要。以下将介绍抖音挑战赛内容创意策略3S法则：

（1）内容创意策略3S法则——Stress（挑战诱导性）

从2019年6月底开始，#瓶盖挑战风靡国内外社交媒体平台，引发全世界人民跟风模仿。最初#瓶盖挑战指的是挑战者们用后旋踢踢开已拧松的瓶盖，同时保证水瓶维持平稳，否则就算失败。

哈萨克斯坦跆拳道冠军法拉比·达莱钦率先发起挑战，好莱坞动作明星杰森·斯坦森等人先后发布自己的挑战视频接力。国内甄子丹、杜江、李连杰、"天王嫂"昆凌、潘长江等纷纷加入了此项挑战。360 董事长兼 CEO 周鸿祎参与之后，众多企业家也陆续加入。

与此同时，企业蓝 V@UFC 终极格斗冠军赛在抖音上发起"#踢瓶盖挑战"，邀请网友拍摄以自己为主角的花式开瓶挑战视频。挑战赛上线首周，播放量就突破 14 亿大关。

考虑到一瓶矿泉水的成本并不高,在"2元钱就能上热搜"的刺激下,瓶盖挑战的长尾效应愈加凸显。

从玩法层面上来看,"#踢瓶盖挑战"短时间内风靡抖音平台,并引起诸多讨论,要归功于明星、达人、素人充分发挥自己的脑洞,将瓶盖挑战与时下流行元素结合起来。

在此次#踢瓶盖挑战中,赵文卓、谢霆锋、罗志祥等明星加入到挑战赛中来,成为"流量担当"。品牌发起、明星示范、KOL众创、全民狂欢的营销思路已成为大型品牌挑战赛的标准玩法,明星加入挑战赛呈现常态化趋势。

从挑战者心理层面看,挑战赛需要给参与者带来一种"我们办到了(We made it)"的参与感和成就感,作为诱导和激发用户亲身参与的驱动力。

对普通用户来说,"瓶盖挑战"能满足普通人与明星、专业人士同场竞技的心理需求。此类挑战赛够酷炫,有创意,能最大化激活UGC创作者的积极性,获取更多公域流量。

(2) 内容创意策略3S法则——Simple(低成本理解)

通过发起抖音挑战赛来配合新产品的发布,已日益成为品牌营销的新趋势。在抖音上,新的挑战赛层出不穷。在不同挑战赛之间的竞争日趋激烈的情况下,如何让用户通过挑战赛命名、参与方式的介绍,以最低成本理解,一眼看懂规则并促成参与非常重要。

小米9手机2019年年初发起"#百万寻找战斗天使"挑战赛,寻找"好看又能打"的战斗天使,并在玩法描述中提出百万奖金悬赏,配以明星、平台达人清晰示范,成功吸引了无数素人秀出自己的绝活和才艺。

第二章 品牌营销：玩转竖屏三域流量

据悉，此次小米9抖音挑战赛，女性用户参与度高达62.83%，这一点也是小米9所希望达成的结果，因为以往数据显示，高达7成的米粉是男性。在这种情况下，小米9的宣传语"好看又能打"与当时大热影片《阿丽塔：战斗天使》进行绑定，用户一眼秒懂，品牌借势成功，得到迅速传播。

（3）内容创意策略3S法则——Simulate（易于用户模仿）

易于用户模仿即通过低门槛带来高参与度。以合拍为例，合拍是挑战赛引导互动的有效玩法。合拍示范视频为普通用户跟风拍摄创造了发力点，其多IP联动覆盖人群广，传播上更具模仿引爆点，能有效激发从众心理，引导更多素人参与。

示例一

3C 类企业蓝 V 账号@上海移动通过发起"#与流量王者合拍"挑战赛收获亿级流量，截至 2019 年 10 月 6 日，该挑战赛播放次数已达 7.3 亿。

此次挑战赛的规则非常简单，参与活动的用户只要与@上海移动发布的示范视频进行合拍，就有机会获得官方提供的丰厚奖品。

在玩法设置上，@上海移动选择了"合拍"这一抖音挑战赛经典玩法，在几位 PGC 达人的示范下，普通用户立刻知晓了参与活动的正确方式，更容易触及年轻用户群体。

示例二

@自然堂携手品牌代言人白宇，发起"#白宇请你赏脸喝杯茶"挑战赛推广新品茶马古道面膜。挑战赛持续期间，参与活动的用户与@自然堂官方抖音账号发布的"白宇示范视频"进行合拍，就有机会获得奖品。据悉，该挑战赛在上线 3 天的时间里，播放次数突破 5 亿，截至 2019 年 10 月，该挑战赛的播放次数为 8.4 亿。

此次挑战赛的一大亮点是@自然堂官方发布的合拍素材——"白宇示范视频"。这条视频从剧情脚本到贴纸设置，再到明星演绎，都是特别为抖音合拍玩法定制准备的。在明星白宇的高人气带动下，白宇的粉丝首先成为挑战赛的第一波参与人群，给予了关注该挑战赛的其他路人二次创作的发力点，提高了品牌的曝光度。自然堂茶马古道面膜的合拍视频，兼顾社交互动、趣味创作与品牌展示，一箭三雕。

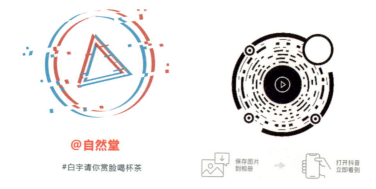

2. 抖音创意贴纸获取公域流量

通过抖音产品运营获取公域流量,另一种简便易行的方式是创意贴纸。

2019年夏季,雪碧为推广"爽椰派"新品,连续发起3场创意贴纸抖音挑战赛,在30多天的时间里斩获超126亿流量。这3场挑战赛分别为:#夏日烤验、#夏日酷爽挑战、#单手开椰挑战。

这是一个循序渐进的推广过程,雪碧没有上来直接就对"爽椰派"进行品宣,而是先通过发起"#夏日烤验"挑战赛,引起用户渴望防暑降温的共鸣,用趣味贴纸,激发用户参与。

可以看到,"#夏日烤验"贴纸深谙抖音视频调性,通过前后不同的特效让用户完成视觉上的反转体验——前一秒又黑又土，后一秒立刻变美变帅。好玩又好看的特点，让不同年龄、不同性别的用户对这个趣味贴纸爱不释手，提高了挑战赛的参与热情。

@Jin小菌

炎炎夏日，没有它我是撑不过晚高峰的地铁站的#夏日烤验 喝口雪碧，即刻酷爽~

 保存图片到相册 打开抖音立即看到

随后雪碧对贴纸的玩法进行升级，联合抖音发起了一场创意贴纸设计大赛，同时让大赛胜出的特效师为第二轮"#夏日酷爽挑战"挑战赛设计了专用贴纸。

"#夏日酷爽挑战"互动性更高，雪碧的绿瓶图案可跟随人手移动，贴纸本身的动态效果也充满趣味性。

@七鹤大人

热到想趴下的大夏天，不如一起来参加#夏日酷爽挑战 比心 喝@雪碧 即刻体验酷爽感觉！

 保存图片到相册 打开抖音立即看到

最后，雪碧发起第三轮挑战赛"#单手开椰挑战"，在代言人迪丽热巴标准动作的示范下，用户拍摄时对着镜头张开手掌，即可触发指定贴纸的使用效果，让带有记忆点的动作与"爽椰派"新品挂钩。

@黄锐铨

天气太热，只想宅在家？不如一起#单手开椰挑战，让@雪碧爽椰派时刻给你海岛般酷爽

可以看到，在前两轮挑战赛中，雪碧邀请的多为抖音平台原生 KOL，在第三轮挑战赛中则利用明星自带流量的特点，邀请了影视明星拍摄示例视频。

创意贴纸在挑战赛中的 7 种玩法

有趣的创意贴纸可减少用户对于广告的抵触情绪并激发模仿和互动行为，让二次传播提升用户对品牌的好感度。作为挑战赛的最佳拍档，创意贴纸有以下 7 种玩法可做参考：

（1）2D 贴纸+定制 BGM 花式抢镜

创意点：多前景+多个 2D 手部随机触发贴纸，手势触发控制动态前景，适配定制化 BGM 及歌词，完美搭配人物舞蹈互动。

@光大银行信用卡发起"#这是什么宝藏卡"挑战赛，参与者需使用专属贴纸和 BGM 拍摄视频，截至 2019 年 9 月 23 日该挑战赛播放量达 35.8 亿。

第二章 品牌营销：玩转竖屏三域流量

在镜头画面中，贴纸用以陪衬舞者@小霸王，具有烘托人物主体和装饰环境等作用，并有助于增强画面的空间深度，平衡、美化构图。

@小霸王

#这是什么宝藏卡，拿了这张卡，你就是我的人了~@光大银行信用卡

@小霸王跳舞过程中，借助前景的变化与更迭，增强镜头的运动感与节奏感，信用卡实力抢镜。BGM改编自儿歌《我有一只小毛驴》，旋律欢快活泼，歌词针对产品做了改编。

此外，文案"#这是什么宝藏卡，拿了这张卡，你就是我的人了"，改编自2018年明星罗志祥带火的"拿了××，你就是我的人了"网络热梗，增强了平台粉丝的认同感。

（2）主题情景贴纸吸睛

创意点：手势舞搭配暖萌冬季贴纸重温儿时记忆，新颖又吸睛，吸引海量用户参与其中，引发了一波"晒娃潮"。

第二章 品牌营销：玩转竖屏三域流量

　　@活力冬奥学院发起"#冬眠宝宝起来嗨"挑战赛，截至2019年9月23日，该挑战赛播放次数达17.4亿，用户使用主题贴纸揉揉脸就能自由变换梦游装、猫咪装还有滑雪装。

@陈可心

寒假来了,每天醒来都是最开心的一天!参与#冬眠宝宝起来嗨就有机会来@活力冬奥学院

 保存图片到相册   打开抖音立即看到

卡通漫画风的猫咪装等贴纸,受众面更广,青少年以及萌娃的参与度普遍较高,合家欢氛围高涨。

(3) AI彩妆贴纸引发模仿

创意点:明星效应引发颜控跟风模仿。爱美之心,人皆有之。女性用户"我负责貌美如花"的心理诉求借助贴纸道具得以达成。

@张嘉倪饰演的顺嫔在热播剧《延禧攻略》中给观众留下了深刻印象,她于2018年5月底入驻抖音,她的视频经常使用AI彩妆贴纸等道具。目前,其粉丝数量已超过300万。

@张嘉倪

#摘下墨镜的你 请对我眨眨眼睛 #整蛊犬系人生

 保存图片到相册   打开抖音立即看到

摘下墨镜的一刻,从黑白切换至彩屏。戴上墨镜潮酷十足,摘下墨镜春光灿烂。

AI彩妆类贴纸能够贴合脸型,让用户变美,女性用户的使用率相对更高,适合女性用品品牌。

(4) 达人专属贴纸强化IP

创意点:参与"#毛毛姐喊你一起吃饭"话题,使用达人专属贴纸——好嗨哟,一键化身"山寨"毛毛姐。专属贴纸配合表情包,大大增加了话题的趣味性。

男扮女装的毛毛姐自嘲,这个贴纸简直有毒!这款贴纸既强化了个人IP,又让粉丝省去了戴假发"跟学"的成本。

还有部分用户借助道具"山寨"一把毛毛姐,带大家重温"求翻牌"等经典趣梗。

(5) 梦幻贴纸营造意境

创意点:近年来"汉服"文化兴起,@刘宇作为一位古装服饰达人,利用贴纸给粉丝带来了一场变装秀。

蝴蝶和羽毛贴纸呈现出汉服的独特气韵,仙气满满,诠释了如梦似幻的唯美意境。

梦幻贴纸更多用来营造意境,适合婚纱摄影类、古装摄影类品牌商。贴纸的运用能给那些喜欢"复古"的用户带来一种穿越感。

(6) 定制场景贴纸契合主题

创意点:@自然堂发起"#抵制地表强紫外线"话题,截至2019年9月23日该挑战赛已获34.2亿播放。下图展示了达人@火星上的晶晶通过肢体运动演绎防晒挑战。

第二章 品牌营销：玩转竖屏三域流量

@火星上的晶晶

#抵御地表强紫外线 不做小姐姐，做你的宝藏女孩可好？@自然堂

 保存图片到相册 → 打开抖音立即看到

达人的演技是加分项，比如眼神及手部互动避免了贴纸生硬嵌入。而贴纸中产品的写实风与场景的卡通风结合，增加了画面的趣味性。

（7）变脸贴纸展示"大翻身"

创意点：@杨蛇_youngsir 变脸展示时尚达人的洗脸神器，通过使用特效贴纸，小姐姐从大脸的丑女，瞬间变成高颜值女神，巨大的反差感从视觉上给予受众强大的冲击力。

@杨蛇_youngsir

#一净美颜 认真洗脸，原来我这么美~#挑战洗脸艺术

 保存图片到相册 → 打开抖音立即看到

变脸贴纸搭配洗面奶带来奇幻效果，"丑女"用完颜值爆表。在这一过程中产品植入直观，保湿、美白、护肤、补水等产品功效实现了可视化。变脸贴纸完美契合美妆洗护类品牌。

第三节　商域流量

一、抖音商域流量的效能与特点

抖音流量具备丰富的流域且不断变化、流动、转化。主要分为公域流量、私域流量以及商域流量。三域流量背后的用户人群都是抖音平台通过分析每个账号长期的浏览行为以及软件操作行为匹配而来。

其中公域流量是根据内容是否能够满足平台用户的需求进行分配的，优质的内容可以获得更多的公域流量。而商域流量是平台从公域流量池中划出一部分，以付费的方式进行售卖，以达到平台盈利目的。所以商域流量不以内容质量为分配标准，商域流量就是我们常说的广告流量。

商域人群的投放分配方式不断更新，以此保证商业化传播效果最优化。

在抖音商域流量中，针对不同人群，平台会形成不同的人群标签，如地域、年龄、性别、兴趣爱好、手机机型等。通过平台大数据算法把商域流量分配展示给标签人群，以此辅助品牌主进行更为精准有效的广告投放。

商域流量作为广告流量，也就是付费流量，其最大的特点就是稳定性强。稳定的流量获取可以为品牌带来稳定的产品后端消化。然而商域流量的弱点也比较明显——可持续性差，黏性较弱。

商域流量一部分按照天或千次曝光预占位置购买，另外一部分则需要竞价。怎样能够以更低的成本竞得更多的商域流量？如何实现商域流量的精准触达？如何增加用户的可持续性和黏性？怎样通过商域流量更迅猛地扩大品牌声势？这是很多品牌思考的关键点，也是本书后续会重点剖析的部分。

良好的商域流量，需要完善充足的用户基础数据，需要实时更新的平台内容数据，以及各种符合广告主投放需求的产品形式。那么，要想获取抖音商域流量，可以采用哪些商业化广告产品呢？抖音商域流量来源分为品牌广告流量，即需要通过预占位置合作的产品形式；效果广告流量，即需要通过竞价获取的广告流量形式。

二、抖音商域流量之品牌广告策略

品牌广告流量是抖音从整体商域流量池中，预留部分优质位置和流量给到有品牌广告需求的广告主。品牌广告的明显优势是可见性和稳定性。因为平台先将头部流量进行了固定划分，所以能够保证广告内容位置靠前、可见，并且能够稳定按照采购量进行投放。劣势是价格会远高于竞价流量，并且品牌广告按照天或者千次曝光计费，只能预估到曝光次数，转化效果无法准确预估。

抖音品牌广告的产品形式主要分为标准硬广位置和非标准化的品牌展示位置。

标准硬广位置主要包括开屏广告、信息流广告等。抖音沉浸式开屏（一种无边框的素材形式）冲击力强，加之处于抖音 App 全部流量入口的位置，可为品牌显著提升曝光量，有效聚焦受众关注，成为广告主新品上市、节点营销等焦点式营销的首选。

而品牌信息流广告是将信息流部分流量的靠前位置预留出来,作为品牌信息流广告池,按照千次曝光的形式售卖。品牌信息流广告出现在信息流视频刷新的第四刷位置,展现形式更加原生。相比传统硬广,用户更容易接受,点击率也更高。

根据不同的投放方式,抖音将品牌硬广进行了更细致的流量区分。开屏广告可选择 CPT(按照时间投放)或者 GD(品牌广告投放,包括 GD 优选曝光、GD 优选位置以及 GD 优选点击)等投放形式,而信息流广告可选择 CPT、GD 以及 DTV(投放素材为视频,5 秒保播放计费)等投放形式。无论广告主投放需求更侧重用户触达(曝光),还是更侧重点击转化,要想保证视频播放率,都必须在抖音上找到合适的品牌广告产品进行投放。

抖音在商域流量产品形式上做了很多创新，比如针对抖音开屏广告位置推出了 TopView，即开屏链接信息流的广告形式，使广告主投放的开屏广告在 5 秒后链接到信息流视频。用户可以从开屏画面无缝过渡到广告主的 60 秒抖音小视频，大大提高了开屏广告的点击率和广告展示时长。

创新非标型品牌广告流量按照媒体不同的功能属性，划分得更加详细。

其中，搜索类包括位置预置搜索词、话题热搜榜、品牌专区、明星专区以及搜索彩蛋；话题类包括热搜话题、热搜预置词、挑战赛话题位置、发现页聚合挑战赛、TAG、话题广场；曝光类包括热搜顶部 banner（横幅广告）以及发现页 banner；直播类包括天窗、直播首页 banner、H5 直播聚合页；定制类包括头像挂件、视频挂件、用户红包、手势红包、用户贴纸、POI 页面定制、挑战赛页面定制、直播 H5 定制以及扫一扫；音乐包括音乐入库和音乐榜单；消息类包括站内信等。

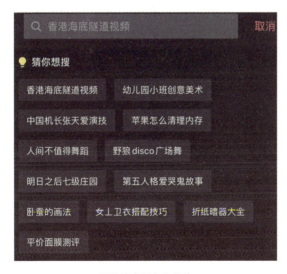

预置搜索词广告投放

品牌主经常接触的抖音挑战赛，就是将以上的标准硬广资源和创新型非标媒体资源进行合理组合，搭配用户在使用抖音时的多个入口进行全面的品牌触达。一场挑战赛中，可以灵活搭配多种资源，加之通过定向的方式，为品牌主的产品或者服务匹配相应的人群进行精准投放，达到传播效果的最大化。通过这套"组合拳"，在制造传播声量的同时，激发互动，形成 UGC（用户产出内容）跟风，让品牌传播不再是"自说自话"，而是用户发声，提升品牌认知度。

此外，抖音还为品牌主商域流量转化成私域流量做了产品支撑。比如直接引导用户关注品牌主抖音蓝 V 主页，从而为品牌主扩增私域流量。

回归前文提到的品牌广告主的核心痛点：如何通过商域流量的精准触达，增加用户的可持续性和黏性？怎样通过商域流量更迅猛地扩大品牌声势？一起来看看那些玩转抖音品牌广告流量的品牌主是如何做到的。

1. 唯品会案例：抖音 TopView 波段式投放抢占 C 位

电商行业在抖音品牌商业化合作中一直敢于尝鲜，比如唯品会乐于尝试不同的营销手段，勇做"第一个吃螃蟹的人"。唯品会的品牌特卖节和夏季换新活动，通过运用多种品牌广告产品，迅速扩大了活动声势。

唯品会利用电视剧《都挺好》热播期间的 IP 热度，请到小苏明玉扮演者薇薇安，为"夏日换新装真 3 折"主题拍摄素材视频，搭配欢快的背景音乐，迅速抓住了抖音用户"记录美好生活"的诉求。

在投放时间的选择上，唯品会选择了每周五+周末的抖音流量高峰时段，这一选择结合了自身的人群画像特征——周末同样是唯品会买买买人群的高峰成交时段。在波段式投放的过程中，唯品会通过后台转化数据，不断调整最佳投放时间和转化组件，找到最佳投放组合。

第二章 品牌营销：玩转竖屏三域流量

在投放方式上，连续投放 4 轮 TopView 形式硬广，通过大曝光对用户进行强洗脑，抓住眼球的 3 秒视频后，直接跳转到品牌内容页面，并且在视频下方加入了磁贴组件。对于弹出的磁贴，老用户可以直接进入活动推荐的 3 折产品落地页进行购买，新用户则跳转到 App 下载页面进行下载——在营销转化的同时为品牌 App 进行用户拉新。

抖音官方监测数据统计，唯品会活动当天的实际曝光超额溢出了实际采买的品牌广告曝光，溢出量达到 176%，也就是说唯品会的品牌广告投放平均千次曝光费用大幅度降低，支出一份品牌广告预算，无形中收获了将近两倍的品牌声势。特别是在传播过程中，唯品会加入了自己官方抖音账号的引导链接。引导用户在关注特卖活动的同时，关注品牌抖音蓝 V 号，将品牌商域流量转化成私域流量加以运营，增加硬广流量黏性和可持续性，让一次投放收获的用户成为后续多次触达的源头活水。

2. 宝马案例

（1）宝马 BMW X3 上市

宝马在 BMW X3 上市期间，首次采用抖音"开屏+信息流 4-1（第 4 位 1 刷）"超级组合，为新车上市赢取关注度。通过开屏配合抖音推荐页第四位视频，收获 1.02 亿总播放量。据悉，此次原生信息流互动率高达 6.82%，火速带动用户的转、评、赞，远高于行业均值，同时还增加了宝马蓝 V 主页访问量，沉淀了万余粉丝。

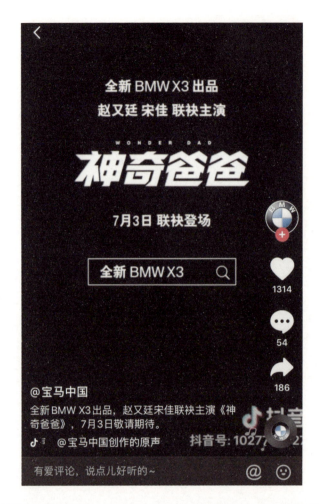

除"开屏+信息流4-1"外,宝马在推广新车BMW X3时,还邀请赵又廷与宋佳出演了全新BMW X3微电影《神奇爸爸》,利用明星热度有效渗透粉丝圈层,加速品牌曝光。仅在两位明星微电影的带动下,宝马蓝V就成功增粉11.7万,高人气明星加盟助阵让宝马品牌吸睛无数。

(2)宝马新1系推广

2019年情人节期间,宝马新1系携手王嘉尔献上情人节惊喜抖音短视频,为宝马蓝V赢得超10万粉丝。此次推广,宝马搭载了抖音年度重磅新品TopView开启全球首秀——即广告前3秒以开屏形式呈现,3秒后无缝衔接信息流展示完整品牌视频。

@宝马中国

#新BMW1系三厢m运动版 携手音乐先声@王嘉尔 高速来袭,抓紧了 盘他!

 保存图片到相册 → 打开抖音立即看到

据悉,此次投放的视频,是宝马定制的抖音专属投放素材,将视频进行抖音范剪辑,动感又炫酷的视频风格博得了年轻用户的好感。官方数据显示,在优质无干扰的曝光环境下,此次 TopView 全球首秀总曝光量达1.1亿,总点击量超1466万,点击率达到13.26%。

3. 帅丰集成灶案例

2019年4月,@帅丰集成灶携手品牌代言人海清发起"#就是不食人间烟火"挑战赛,通过"明星+达人"的示范视频,引导用户参与互动。据悉,挑战赛上线一天播放量就突破4亿,上线5天突破8亿,7天后突破12亿。截至2019年10月10日,该挑战赛总播放次数已达19.1亿。

@帅丰集成灶

#就是不食人间烟火 快来和海清使用同款贴纸,参与挑战赛吧!

  保存图片到相册 → 打开抖音立即看到

本轮传播除了通过定制贴纸吸引用户参与外,还在挑战赛上线后,先后通过开屏、发现页顶部 banner、抖音热搜等资源位,实现用户观看路径全覆盖,活动信息扩散及品牌曝光的最大化保证了用户参与基数。

帅丰集成灶"#就是不食人间烟火"挑战赛的成功,为想要在年轻人圈层中形成影响力的其他品牌提供了样本性参考。

三、抖音商域流量之效果广告策略

抖音效果广告流量以效果为考量,广告主只需要为可衡量的结果付费。效果广告流量的特点是短平快,当天广告购买的投入当天即可见效,可监控消耗、点击、下载、激活、在线咨询、销售线索等数据。有哪些商域流量带来了转化,哪些被浪费,可以清清楚楚地看到,相比品牌广告更加精准。其缺点是效果类广告全部以竞价方式获取,没有品牌广告稳定,会存在即使有广告预算,也无法按照期望的传播时段投放出去的情况。

目前抖音效果广告支持的投放位置只有视频信息流,即用户在观看抖音信息流视频时会随机出现的原生信息流广告。效果类信息流采用第二计费(gsp)原则,也就是如果排在下一位的广告主没有进行质量度或出价的调整,当前广告主的出价调整没有影响排名,那么点击的价格不会发生变化。目前计费方式支持 ocpm、cpc、cpm、cpa。其中 ocpm 为常用的出价计费方式,扣费本质和 cpm 的逻辑一致,但在投放时系统会自动根据实时转化做投放优化。

抖音效果广告的投放标签相比品牌广告更加精准。通过几大定向纬度,准确锁定目标人群。其中包括基础属性(年龄、性别、地域)、lbs/商圈、投放终端(iOS、Android、PC)、使用环境(运营商、手机品牌、网络环境)、用户行为(行为场景、资讯、电商)、用户兴趣、行业关键词、dmp 自定义人群、相似人群扩展(lookalike 技术)等,让效果类广告流量做到最小浪费。

抖音效果类广告支持的转化方式也比较多样,平台支持多种转化目标。比如针对 App 类广告主的应用下载转化目标，可监控从点击下载到安装完成到激活的全过程，获取高意向用户。

针对线索收集的客户需求，抖音平台开发了电话、表单、咨询、卡券等多种线索收集方式，并开发了提升线索转化有效性的飞鱼 CRM，帮助广告主进行线索运营。

飞鱼CRM

更高效的客户管理系统，连接广告投放与线索，提升企业营销ROI

针对有商品转化需求的广告主，抖音平台开发了商品转化的专属营销系统，从创建商品、库存管理等商品管理功能，到效果创意制作、效果广告投放等商品推广功能，再到 ERP 对接实现订单管理，实现数据沉淀一网打尽。

上述讲到的抖音效果广告的定向方式及转化形式，在具体的效果广告中如何应用，是很多有效果强需求的客户最关心的问题。在众多的效果行业客户中，教育类客户作为大量投放效果广告的客户类型，在抖音的多种产品组件应用上比较有代表性，下面我们一起来看看这则案例：

达内教育案例：重构转化行为，锁定高转化目标

教育行业一般来说由于产品使用比较低频，目标用户较窄，给予流量后转化周期比较长，用户意愿不明显。达内教育推出的针对计算机人群的课程，单价较高，并且目标人群范围有限，课程本身相对英语课程需求更加低频，导致收集销售线索成本很高。

为了完成精准转化，锁定高转化目标，达内教育采用抖音平台的自建站产品——橙子建站，实现线索场景全覆盖。因为橙子建站没有跳出抖音平台，所以加载更流畅，减少了用户的跳出。另外使用青鸟线索通产品，

在传统表单的基础上，加入了电话、表单、咨询、卡券四种线索收集类型，方便用户在更多场景下提交意向线索。在咨询环节，达内教育又嵌入了平台对接的小6客服，让后端销售人员能够及时与意向用户互动，并利用客服系统向报名人员推荐免费试学活动，让用户到线下门店体验，提升后端转化率。

经过优化，达内教育在获取效果商域流量中缩短了转化路径，有效线索率提升了37%，有效线索成本下降了54%，达到了超预期的效果。

第四节　营销创意

一、抖音爆款视频背后的8种创意类型

抖音竖屏视频创意与传统的横屏创意有本质上的区别，不能用传统的横屏创意标准来衡量。特别是，品牌主需要结合抖音平台的调性来评判一条视频的创意优劣。为顺应抖音平台用户喜好，我们需要了解平台爆款视频背后的规律。

首先，我们来看一下从横屏视频到竖屏视频，用户习惯发生了哪些变化。根据Facebook 2018年的数据，79%的竖屏视频用户认为竖屏格式更吸引人。竖屏视频的兴起，顺应了大部分情况下消费者将手机竖屏持握的习惯。

与横屏相比，竖屏内容主要有4点变化：

1. 视频尺寸的变化，带来镜头语言的变化；
2. 播放方式的变化，带来叙述结构的变化；
3. 观看体验的变化，带来声画关系的变化；
4. 交互层级的变化，带来沟通语境的变化。

如今，拥有3.2亿DAU的抖音已成为品牌营销链路中不可或缺的一

环。不仅互动玩法持续进化，在内容方面抖音引领的竖屏传播也对商业化内容的呈现方式提出了更高的要求。

作为国民级的内容平台，抖音用更精准的内容触动更广大的受众，帮助品牌收获海量的曝光和正向的口碑，同时作为创新性的创作和分享平台，抖音用更多元的互动带动更深度的参与，以此收获直通用户内心的品牌偏好。

信息更全、画面更沉浸，更符合用户手机握持习惯的特点，使竖屏营销成为营销圈层的新浪潮。

在抖音上，内容创意的好坏会直接影响竖屏视频的曝光效果。与一些强制性观看广告的平台和线下场景相比，用户便捷的视频切换操作，让商业化内容在抖音上缺乏强制观看的"保护时间"。所以只有当营销与内容边界模糊，优质的营销内容本身才有可能让用户对视频"一见钟情"，自然接受，做到"润物细无声"。

想拍出抖音创意视频，首先我们应该对抖音社区的爆款视频内容类型有所了解：什么样的视频更受抖友喜爱？

（一）抖音爆款视频 8 种内容类型

1. 趣味娱乐

示例：点赞 376.1 万，评论数 4.6 万，分享量 12.6 万

视频开头,一位戴着摩托车头盔的帅气小哥哥出现在画面中,随着一连串耍帅动作的秀出,小哥哥"假装"自己跨上了拉风的摩托疾驰而去。镜头却突然拉伸,显出全景——小哥哥并没有在骑摩托车,而是在使用老式缝纫机——此前一切铺陈,都是为了烘托结局反转。

戏精上线,创作者变身段子手,将生活中的戏剧性通过创意加工后演绎出来,看得到开头猜不到结尾的"WOW"剧情,很受抖音用户喜爱。

2. 新鲜酷炫

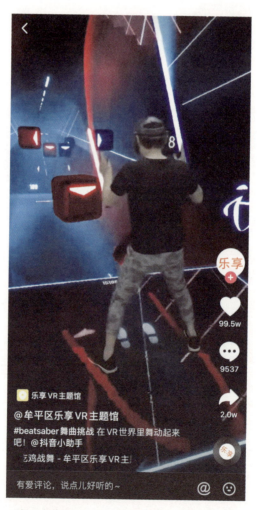

示例:点赞数99.5万,评论数9537,分享量2.0万

VR 主题馆能够给予体验者强大的身临其境之感，一直备受线下消费者喜爱。而在线上，一些看起来新鲜酷炫的 VR 游戏项目，与抖音结合起来也毫无违和感。科技带来的新奇体验会第一时间抓住用户的眼球，满足用户的探究心理，令人印象深刻。

3. 情感共鸣

示例：点赞数 301.8 万，评论数 7.1 万，分享量 14.1 万

视频由两部分组成，第一部分是年老的父亲与成年的儿子在客厅里吃饭的场景。面对记忆衰退的父亲一遍遍对菜名的询问，儿子一脸不耐烦，甚至摔筷子想走。

第二部分里时光倒回，画面变成了父亲还年轻，儿子还是小孩时两人一同吃饭的场景。儿子一遍遍询问父亲菜名，父亲非常耐心地一遍遍讲解。

两部分视频内容形成鲜明对比，最后视频画面中出现了这样几行字："岁月流逝，父母渐老，彼时的无私付出，请今日加倍奉还"，瞬间激起用户的共鸣，令人泪目。

此类视频将生活中容易被大家忽略的情感突出演绎，文案恰到好处地点睛，成为共鸣类视频的助燃剂。

4. 美好颜值

@小小蕾

#你真是每个动作都是戏 性感的咬唇，迷死人了

 保存图片到相册 → 打开抖音立即看到

示例：点赞数 24.3 万，评论数 1964，分享量 4703，跟风模仿的视频数达 14 万

这条视频源于一个热门的 Q&A，Q："姑娘们，你们知道自己最性感的动作是什么吗？" A："知道，咬嘴唇。" 但画面中的小姐姐却用搞笑的形式，先是夸张地咬了上嘴唇，又以同样夸张的动作咬了下嘴唇。高颜值与搞笑情节形成鲜明对比，让人忍俊不禁。

"养眼力 MAX" 的美丽小姐姐在抖音上一直受到用户的欢迎，将有趣的灵魂与高颜值相结合，达到双倍吸睛的效果。

5. 魔性音舞

@刘梦LapMoby

左边画个虫虫右边画个龙龙，然后对刘梦哄哄~#野狼disco 你们#军训 快结束了吗

 保存图片到相册 → 打开抖音立即看到

示例：点赞数 53.4 万，评论数 6000 条，分享量 1.0 万

百搭 BGM + 魔性舞姿，是"魔性音舞"最重要的两个组成部分。以 @刘梦 LapMoby 这条视频为例，背景音乐节选自《野狼 disco》，歌曲本身便有很广泛的传播，经过翻唱改编，配合魔性、易模仿的手指舞，受到抖音平台上大量年轻用户的喜爱。

此类视频因模仿门槛低，容易形成病毒式传播，加深用户对品牌的印象。

6. 技能展示

示例：点赞数 261.5 万，评论数 10 万，分享量 1.8 万

创作者先用装着墨水的注射器在画纸上描出龙的蜿蜒曲线，随后用手指涂抹墨水，直接在纸上开始作画，最终画出了一条威风凛凛的中国龙。这条非遗指画创作的抖音视频，让中华传统文化在年轻人中得以传播。

抖音上不乏秉持匠心的艺术家，他们通过展现自己的高超技艺，获得了大量点赞。

7. 实用知识

例：点赞数 183.7 万，评论数 1.6 万，分享量 4.8 万

如何快速清理掉黏在裤子上的口香糖？如何简单去除毛衣上的毛球？如何隐藏毛衣的脱线？如何做出一道简单又美味的好菜？……这些日常生活中经常碰到的问题，都可以在抖音上快速找到答案。

这些实用的知识分享类视频被收藏的概率比其他类型的内容更大。

8. 社会热点

示例：点赞数 152 万，分享量 1.0 万

七夕期间，@人民网集中发布多对兵哥哥与未婚妻喜结连理的视频，借势节日热点传播正能量，广获网友好评。蹭热点是抖音创作者人人必备的技能之一，但对于品牌主来说，这个热点是否该蹭？该热

点跟品牌的关联何在？蹭这个热点对于品牌是加分还是减分？切入点该如何设置？这些问题同样需要仔细拿捏。

创作者还需注意抖音视频的发布时间问题。从抖音统计的用户活跃时段来看，大多数用户在上午8：00—凌晨1：00持续活跃，其中12：00—13：00为日间活跃高峰期，18：00—24：00为夜间活跃高峰期。内容发布频率以每周不少于5条为宜。

在发布视频时，封面、文案、背景音乐、画质方面要达到以下几点要求：

（1）封面

承载一支视频中的最大亮点镜头；

建议选用人物做封面；

美观、清晰，与视频主题相关；

适当保持主页内封面调性协调统一。

（2）文案

文案以15~20字为宜，最多不要超过55个字符；

口语化、平台化表达，避免官方语态；

善用开放式文案抛出话题，有意识引导用户留言互动。

（3）背景音乐

建议使用用户认知度高、辨识性强的音乐；

音乐风格和视频内容契合，形成1+1＞2的效果；

优质原创音乐有更多机会被用户广泛使用，增加视频曝光可能性。

（4）画质要求

建议拍摄、上传画质高清的视频内容，并检查每一帧的播放清晰度，保障播放完成率。

第二章 品牌营销：玩转竖屏三域流量

（二）抖音爆款视频 6 大常用技法

1. 套路 VS 反套路

示例：获赞 2.5 万，评论 748 条，分享 908

内容：@冰糕块块喝完水后询问美女小姐姐："可以加水吗？"在得到肯定的答案后追问："可以加冰吗？"再次得到肯定后终于问出："可以加你微信吗？"

127

为了拿到小姐姐的联系方式也是拼了,加水加冰全是套路。反套路也非常简单粗暴:"你长得不好看,我有男友了……"

文案是"好伤心哦(心脏裂开的表情),丑又不是我的错",没有超过 15 个字;网友高赞评论为"小姐姐的回答没毛病""受到了一万点暴击伤害""瞬间的致命一击"……

套路 VS 反套路在抖音有非常广泛的应用,用户对这类内容乐此不疲——我走过最远的路,就是你的套路。

这类内容常见于快消领域的营销推广,比如 2018 年十一期间,某奶茶品牌举办的"#对不起我们不熟"挑战赛中,套路 VS 反套路多次出现。

2. 剧情演绎

@纪帅turbo

#全都是套路 这姑娘 太实在了
@小He

示例:获赞 129.6 万,评论 1.9 万,分享 7.7 万

内容:美女收银员表示没零钱可找了,可以随便拿一个水果作为补偿;憨厚的顾客在确认"随便拿"之后抱着一个巨大的菠萝蜜撒腿就跑,引发一场街头追逐……"有本事你抱个榴莲啊""小姐姐真实在"等成高赞评论。

第二章　品牌营销：玩转竖屏三域流量

剧情演绎是通过人物表演，诠释一段故事情节的创作形式。抖音创作者需要在 15—30 秒内演绎一个小故事，戳中吃瓜群众的笑点、泪点或共鸣点。

这类演绎大多伴随生活场景，适用广泛。品牌方可以通过剧情演绎，推广新品或助力品牌曝光。

3. 二次创作

@李大漂亮

还别说，学这个多少有点亲切

 保存图片到相册 → 打开抖音立即看到

示例：获赞 670.9 万、评论 8 万、分享 24.4 万

#学猫叫是抖音上一个非常热门的挑战赛，截至 2019 年 9 月 25 日，该挑战赛播放量已超过 8.6 亿。相关话题还有#我们一起学猫叫、#电音学猫叫等，截至 2019 年 9 月 25 日，这两个话题的播放量分别为 7367 万和 828 万。

案例中的创作者由于身材比较丰满，"学猫叫"效果迥异于那些拥有筷子腿、小蛮腰的纤瘦小姐姐版。

于是她选择了学猪叫，并配上自黑文案："还别说，学这个多少有点亲切"。获得高赞的评论是这样说的："看了一圈，发现还是你叫的最有神韵""比起那些网红脸，我更喜欢这位小猪猪"……

从品牌主角度来说，抖音挑战赛提供的示例视频，本意是引导用户模仿、加以发挥。二次创作能为相关话题导流。如何充分利用这一点设置话题玩法，为跟风抖友创造二次创作的契机，形成品牌传播自来水[1]值得思考。

4. 猜不到的结局

示例：获赞302.1万，评论11.4万，分享28.1万

内容：吃海底捞的时候，一位店员现场表演了拉面绝活，在场的人表情各异。有妹子很担心表演失败波及自身，结果还是被蒙住了眼睛……

高赞评论："是什么（面条）蒙蔽了我的双眼？""是什么原因让我情不自禁地笑出来了""妹子最担心的事情还是发生了"……

这类视频结尾大多会制造一种意外之感，达成"万万没想到"的效果。

5. 回忆杀

示例：点赞22.5万，评论2029，分享776

---

[1] "自来水"指免费的自然跟风流量，出于个人兴趣而免费帮产品做推广的群体。

内容：班主任为了检查晚自习谁在玩手机，突然把教室的灯都关了。然后破门而入，大声呵斥：脸上有光的都给我出来……

高赞评论："这个配音和配图都很有魔性""然后我立刻把手机翻了过去""我还以为要喊一声哈喽 Siri"……

最初回忆杀的意思是 ACG 中人物在死之前或发大招灭反派时，眼前都会浮现出往昔的景象。现在的回忆杀更多指回忆青春，如#回忆杀、#我们学老师一起叫等挑战赛大多都是这类内容。

回忆杀适用于活动、节日营销，能让用户产生"恰同学少年，风华正茂"的感想。

在抖音上还有这样一个跟"回忆杀"相关的话题——#穿越时空遇到你。截至 2019 年 9 月 25 日，该话题的播放次数已超过 30.6 亿。

用户可通过选择抖音贴纸"自定义背景穿越"定制视频拍摄背景，无须任何技术上的操作就可以让自己的人像直接出现在镜头里，毫无违和感地融入背景图中。

网友@凯爷-老K将自己父母的照片设为视频背景，通过"自定义背景穿越"道具回到过去，与已不在人世的父亲合影，缅怀亲人。在视频文案中，他这样写道："爸，我想再抱抱你，再摸摸你的脸，我现在能给你买最喜欢的大宝马了，能给你买得起别墅了，你回来"。不少网友将"自定义背景穿越"视为缅怀故去亲人的道具。

总之，在抖音上发布"回忆杀"相关内容，互动基础是激起用户的情感共鸣。

6. 职业痛点

@字节君

#520，是谁在"表白"？520你最想对程序猿小姐姐说什么？

保存图片到相册

打开抖音立即看到

示例：获赞20.9万，评论4456，分享1.2万

内容：520，你最想对程序员小姐姐说什么？收到"需求"礼物后，程序员小姐姐果断指了指旁边的二维码：有需求请扫码……

还有程序员表示想趁头发还没掉光的时候找个女朋友。在被问道"你择偶有什么需求吗？"，他表示："是女孩子就好；如果不是PD（产品经理）的话，条件可以再放宽……"

产品经理提需求，程序员负责实现——在大多数公司，程序员与产品经理是世仇，衍生的段子层出不穷。

一些互联网公司会采用拍摄"员工日常"的形式，通过放大职业特点，植入网络热梗来提升用户好感度，达成品牌传播的目标。在抖音，你会发现：360 行，行行段子手。

使用一些技法能提升视频的播放量和点赞量，但并不能绝对保证成为爆款。以上 6 大技法起到辅助创作作用，创作者可以根据自己的账号定位活学活用。

为保证视频创作质量，以下为本书提供的几点基础避坑指南：

1. 视频质量差

视频模糊、静帧、视频拉伸、破坏景物正常比例、3 秒以下的视频等。

2. 搬运类视频

视频中的 ID 与上传者 ID 不一致，账号状态标签为搬运号，明显截取的 PGC 内容，出现其他平台水印的视频等。

3. 调性极不符

视频内容低俗含有软色情，内容引人不适，传递非正向价值观等。

4. 隐性高风险

视频或文案中出现广告、欺诈、标题党、医疗养生、抽烟喝酒、疑似赌博场景、金融相关产品介绍等内容。

5. 刻意营销

视频中含有明显的品牌定帧、品牌词字幕、品牌水印、口播，视频背景中含有明显的品牌词、商业元素等。

二、抖音营销三象限创意法

每种新媒介形式出现，品牌都需要思考新的语境、新的媒介沟通关系。在短视频竖屏媒介环境下，品牌也需要探索适合竖屏营销的创意方法。到底什么样的抖音营销视频创意是好创意？本书总结了抖音营销三象限创意法，为创意的考量提供一个参考标准。

（一）创意原生度

1. 形式原生——竖屏+BGM+字幕

在抖音上，形式原生的视频通常满足3个要点——竖屏、抖音范BGM、字幕。其中，竖屏视频是抖音视频的特点，更契合平台调性和用户观看习惯。

品牌主：盒马鲜生

视频呈现形式——竖屏

抖音范BGM——平台热门散装Rap配乐

字幕——散装Rap歌词

@魔音改哥

我讲解的"到胃"不？@抖音小助手 #散装Rap

保存图片到相册

打开抖音立即看到

盒马鲜生这条创意视频采用抖音上非常流行的Rap方式吸引用户的注意力。竖屏视频清晰展现了"主治医师"的讲解，让受众对这位"烫伤患者"的情况形成一定认知。

"病情"分析完毕后镜头拉远,这时受众才发现,原来"主治医师"口中的"烫伤患者"其实是盒马鲜生的小龙虾。创作者通过剧情反转的方式展现产品和活动利益点,同时在视频中加入字幕,最大化吸引受众注意力,将受众一步步代入设定节奏。

2. 表达原生——人设+故事化+共情

(1)遵从账号既有人设定位和内容调性

品牌主:小米 CC9

视频调性——共鸣、治愈

@聂小雨
一个人该有的仪式感,自我治愈,努力沉淀,因为我有@小米手机,我相信#我的颜值3200万

 保存图片到相册 → 打开抖音立即看到

@聂小雨在抖音上是一位喜欢翻唱歌曲、风情万种的独立气质女神,这条小米 CC9 营销视频,遵从账号"独立女性"人设定位和内容调性。

视频中聂小雨扮演了一名失恋的女性,在分手后,她逐渐走出痛苦,自强自立做回自己,并用女生最爱的自拍方式(此处植入小米 CC9)记录下自己进步的点点滴滴,温暖自己,治愈观看视频的用户。

(2)微叙事体质,几十秒内完成一场故事化品牌之旅

品牌主:OPPO

视频调性——故事化叙事

视频讲述了这样一段故事：徒弟拜师学"千里眼神功"，师父让徒弟挑水砍柴 3 年后，将此"神功"传授给徒弟——利用 OPPO 手机十倍变焦功能，瞬间代替肉眼看到千里之外。徒弟得偿所愿"习得神功"下山后，面对纷纷前来拜师学艺的邻里，仿照师父的做法，要求他们先给自己捶 3 年腿……幽默剧情令人捧腹。OPPO 手机在 60 秒的时间里，将产品特性与故事剧情巧妙结合，传播自然不生硬。

（3）具有趣味性或共情感

品牌主： vivo

视频调性——以趣味方式引起用户共鸣

听说，这是一条只有女生才能看懂的视频~

 保存图片到相册

 打开抖音立即看到

网络上"直男送礼的脑回路究竟有多清奇?"话题热度居高不下,vivo 以该话题为创意点设计剧情:女儿给心仪物品拍照发给老爸,但是直男老爸抓错重点,没有送给女儿想要的心仪物品,却送了背景中出现频率最高的手机。收到礼物后,看着老爸得意洋洋求夸奖的神情,女儿看了看手中的同款手机,面对镜头无奈一笑。

这条视频以"直男送礼脑回路清奇"作为用户共情点,联想到自己在生活中面对直男时遭遇到的尴尬场景,受众会在会心一笑中加深对品牌的认知。

(二) 创意相关度

创意相关度可以从三个维度进行思考:

1. 品牌角度:营销视频是否忠于品牌主张

品牌主:金典

视频目的:品牌高端化

@金典

天赐娟姗——大英博物馆新伙伴。金典娟姗牛奶大英博物馆典藏版发布!

 保存图片到相册

 打开抖音立即看到

为推广金典娟姗牛奶大英博物馆典藏版,金典制作了一镜式营销视频,将百年传承的娟姗牛奶与大英博物馆深厚的历史文化背景相结合,推广品牌"用喝一盒奶的时间来欣赏一幅典藏艺术"的主张。

视频前半段展示了大英博物馆藏品,后半段介绍了娟姗牛奶的历史以及娟姗牛奶与英国皇室的渊源,展示金典娟姗牛奶的纯正英伦血统,凸显产品的高端。

2. 用户角度:营销视频内容有没有能引发消费者共鸣的洞察

品牌主:王老吉

视频目的:植入解辣喝王老吉的认知

为了能跟养女吃上一顿饭,拉近彼此距离,从来不吃辣的养父通过喝王老吉解辣,锻炼自己的吃辣能力。剧情通过"吃辣必喝王老吉"的概念植入,解决又要吃辣又怕辣的用户痛点。

3. 产品角度:产品特性是否能解决广告所体现的需求

品牌主:三星 Galaxy S10 +

视频目的:展示产品特点、功能

@三星GALAXY盖乐世

稳住,我们可以更酷 #三星s10

 保存图片到相册 →   打开抖音立即看到

视频开头,一位小伙为了欣赏美女,模仿"鸡头稳定器"确保自己不因为画面抖动而错过一闪而过的画面。但自从有了三星 Galaxy S10 + 手机后,在手机双重光学防抖功能的帮助下,小伙得偿所愿。视频中突出的产品功能卖点与营造出的需求刺激实现统一。

(三)创意软性度

产品露出是否自然,不仅影响视频的观看效果,更影响用户是否会为这条视频展现的产品或服务买账。在部分品牌主的认知中,同样时长的视频,产品/品牌直接露出的效果看起来很过瘾。但这只是品牌主的视角,普通受众完全相反。

随着用户审美提高,他们对营销视频也提出了更高要求。"说教式""强制性"的植入越来越遭人反感,品牌主若想通过营销视频取得"品效合一"的成绩,创意软性度显得尤为重要。

品牌主：毒 App

@惊天碉堡团

潜力都是被逼出来的@无处安放的竹叔 #搞笑 #戏精 #黑带爸爸

保存图片到相册

打开抖音立即看到

@惊天碉堡团的主角是一对父子，儿子经常耍小聪明在学习时偷懒，但他有个跆拳道黑带的彪悍老爸。这位父亲不仅武力值爆表，智力也碾压耍小聪明的儿子，经常不费吹灰之力就看破儿子的小心思。

在这条营销视频中，毒 App 的露出被巧妙融入儿子与老爸斗智斗勇的剧情里——考试成绩不理想，儿子模仿老师的笔迹给自己卷子改高分，以此向老爸提出"想买一双新鞋"的愿望。

在黑带老爸的许可下，儿子开心地打开了毒 App 挑选鞋子，同时兴奋中介绍了毒 App 的特点以及优惠券功能。没想到黑带老爸拿到儿子试卷后，转身开启学霸模式，将正确答案全部写出，剧情迎来大反转……

截至 2019 年 9 月 26 日，这条视频的点赞数已达 326 万。从评论区也可以看出，网友对这条营销视频的软性植入接受度很高。甚至有网友留言："就算是产品植入，这样的视频有多少我也看多少"。

第三章
电商带货：4C硬核方法论

第一节　抖音带货视频类型分析

抖音从横空出世到成为制霸短视频领域的王者，仅耗时三年。从锁定先锋潮人的音乐短视频社区到致力于覆盖主流人群的"记录美好生活"平台，抖音在完成自我转型的同时，也以活跃的KOL、优质的用户画像、简短的营销转化链路，成为品牌营销最优阵地之一。伴随着品牌方陆续进驻，站外电商平台与抖音内容平台联络日益紧密，抖音商业化成为一场极具抖音特色的自我迭代。

截至2019年7月，抖音日活已超过3.2亿。面对这个庞大的活跃用户群体，抖音带货较其他平台，在内容模式上呈现出三种主流态势，即：评测视频、种草视频、剧情视频。

下文将基于3种短视频带货模型，对部分具有代表性的案例进行解析。

一、评测视频：李佳琦 VS 花西子雕花口红

评测视频指的是真人亲身体验产品，对比测试，给出评价，为用户的选购排雷种草。

随着抖音商业化模式的日益完善，国产品牌也逐渐探索出一条"网红爆款"之路。

花西子，一个创办仅两年的"年轻"国货品牌，已迅速成为时下年轻人耳熟能详的"国货之光"。

2019 年 618 前夕，花西子全品牌线展开了一场"电商狂欢"预热。在这波预热中，李佳琦带货花西子雕花口红，成绩可谓一骑绝尘。

品牌方的媒介策略是：锁定垂类头部。李佳琦从欧莱雅专柜销售冠军到淘宝直播 Top10，从吉尼斯 30 秒涂口红人数挑战纪录保持者的"口红一哥"到抖音最具商业价值 KOL Top10，完成了自我商业价值的大升级。而那句标志性的"OMG"空降 2019 年网红词汇榜，成为年度互联网记忆之一。口红评测也成为李佳琦的主要标签。

李佳琦花西子视频上线后，累计取得 255 万点赞量，无疑是内容与商业化的双赢。

产品层面，花西子雕花口红在互联网营销中可以被概括为颜值的胜利。有质感的口红外盒，精巧别致的雕花膏体设计，"高颜值" + "兴趣点"，在互联网传播中已经拥有了天然的优势。而在传播链路中，良好的媒介策略和内容策略则进一步为品牌赋能。

内容层面，"中国工匠的感觉""艺术品""国际化"等词汇为产品定调；真人试色将产品卖点直观展现；视频结尾将一支产品放入 2019 年最爱物品收纳盒，用"李佳琦真实使用和喜欢的产品"为产品背书。

第三章 电商带货：4C 硬核方法论

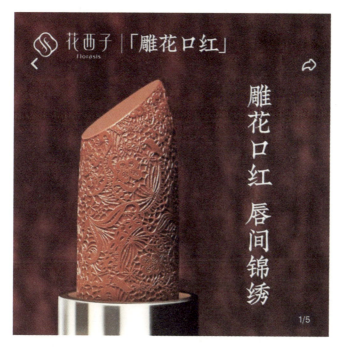

¥129 ¥129.9

淘宝 花西子雕花口红/微雕唇膏女半哑光正红烂番茄色李佳琦推荐中国风

口红

已售 85664

晒同款 4条 >

去淘宝购买

李佳琦为花西子雕花口红提高声量和关注度的同时，腰尾部达人跟进，短时间内使花西子迅速打出知名度，成为"网红爆款"，一度卖断货。

精准筛选与产品调性最为接近的 KOL，内容上围绕"高端"进行传播，吸引容易冲动购物的较为"下沉"的用户。

纵观"口红一哥"李佳琦的视频，其带货秘籍主要有三招：

（一）洞察消费心理

李佳琦非常了解女性购买口红背后的消费心理。"这颜色不能出现在别的女人的嘴上，必须是你的颜色！""这是嘴巴吗？这是女人的武器！""涂上它就像是摇着一杯红酒，老娘就是有钱的女人！""涂上你就是贵妇"……李佳琦做直播之前就是欧莱雅专柜的 BA（美妆顾问），每天向顾客讲解彩妆知识，结合不同顾客的需求推荐产品。超接地气的实战，让他具有敏锐的洞察力和丰富的营销技巧，而这种能力，在口红这类无法用数字作为评测标准的品类中，更显重要。

（二）效果可视化

对于口红等彩妆来说，即时反馈，把上妆效果在镜头前直接展示是最有力的背书。相比传统图文，直播的展示效果更有冲击力，更可信。李佳琦测评在视频中的效果呈现，并不像其他主播一样将口红涂在手臂上，而是直接涂抹在嘴唇上，然后在镜头前全方位、近距离展现给大家看。

即便一些不好展现的产品，比如粉红色的牙膏，李佳琦也会把它涂抹在黑色纸板上，深色背景映衬下，膏体在灯光下呈现出一种梦幻感，直击少女心。

（三）个性化固定表述重复

"Oh my god""我的妈呀""太好看了吧"……在极其有限的时间内，让众多目标用户记住李佳琦。记住那句"Oh my god"正是得益于重复的力量。人们对于重复的、具有固定模式的东西更易形成印象，进而形成期待感。李佳琦的视频看多了会有一种心理暗示：一听到"Oh my god"就想接一句"买它！"对于带货来说，这是极重要的一步。

线下零售的优势是所见即所得，试穿、试用的消费体验感强，缺点是线下成本高，线上零售正好相反。虽然购买一触即达，但体验感很差，看得见摸不着，更谈不上试用试穿的直观感知。评测视频，刚好补充了"体验感"的不足。李佳琦们可以在线上帮你试用、试穿，加之对产品的深入研究和娴熟的带货技巧，种草效率极高。

二、种草视频：@呗呗兔 VS 某电动牙刷

2019 年，企业官抖如雨后春笋般成长。越是有国民认知度的老品牌，在年轻化这条路上，对抖音营销的需求就越强烈。

某牙膏品牌作为国民品牌，为了改变在互联网语境中的"老"品牌形象，增加品牌年轻化属性，挑选新生代高颜值偶像代言的同时增加了营销对年轻化新媒体平台的投放。某牙膏品牌在618电商狂欢节前为新品电动牙刷造势，携手抖音平台取得不错的战绩。其中带货方面，以@呗呗兔成绩最为亮眼。

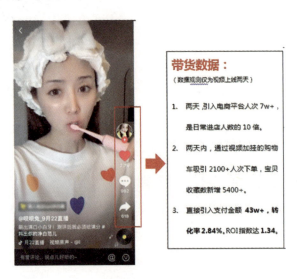

@呗呗兔是抖音"好物推荐官"，是一位带着天津口音的高颜值美妆博主，其带货特点是在分享生活琐事、女性励志鸡汤中穿插产品推广。与其他高颜值美妆KOL不同的是，@呗呗兔的人设显得更加特别——离婚后一路逆袭的独立女性，更加符合抖音独立女性受众的口味，这让她对粉丝购买行为更具影响力。

由于这款电动牙刷的售价对受众的购买力有着偏高的要求，从媒介策略出发，选择@呗呗兔是因为其具有优质的粉丝画像。@呗呗兔的粉丝以18—25岁女性为主，与产品用户高度重合；粉丝中iPhone用户占比较高，具有优秀的购买力；重度粉丝占比较高，黏性相对较强，种草成功率较大。

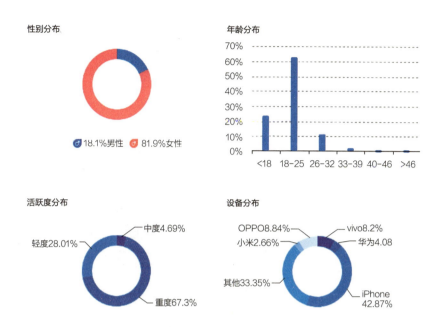

从内容策略上来讲，@呗呗兔视频从强调牙膏"国民大品牌"入手，强化产品背书，再以"有面儿"为产品增加"社交"属性。在对用户进行情绪引导后添加产品功能介绍，进而从感性上升到理性，形成一个用户可自然接受的"买买买"的理由，实现从种草到拔草。

数据显示，拥有优质粉丝画像以及强大圈层影响力的 KOL，结合内容层面情绪引导 + 理性引导，能够实现卓越的拔草效果。

总结@呗呗兔的带货视频，其带货秘籍主要有三招：

（一）极具辨识度的表达方式

绝大多数抖音达人都说普通话，便于沟通，覆盖人群广，但容易中规中矩，缺乏活力。而@呗呗兔所有视频都仕说大津话，形成人物特点。在用户注意力极度稀缺的当下，每位达人都需要有一个独特记忆点，比如@李佳琦的"Oh my god"、@牛肉哥的"把价格打下来"，天津话就是@呗呗兔极具差异化的记忆点。

（二）邻家小姐姐人设

@呗呗兔_

刷出满口小白牙！测评后我必须给满分 #抖出你的净白范儿

@呗呗兔很会聊天。真人出镜，每次都是一边化妆美颜，一边聊天讲故事，让受众在不知不觉、毫无压力的情况下接收了她的输出。邻家小姐姐的人设充满亲和力。

在内容选择上，通过上班妆容、父亲节情感共鸣、土耳其旅游攻略等，@呗呗兔向粉丝展示了她日常的生活。她还提供情感或其他生活方面的建议和指导，一步步占领用户的心智，和粉丝形成比较好的信任关系。

（三）直击痛点

@呗呗兔视频的开头就抛出问题，你是否"脸上冒痘""满脸油光""频繁长黑头""头皮越来越痒"等，然后帮助大家解决问题。简单说，引导用户意识到问题的严重性，把痛点放大，从而促成"买"的动作。

三、剧情视频：@叶公子 VS 佳洁士热感牙膏

在抖音还有这样一类电商达人，他们用剧情的方式，上演着一出出矛盾丛生的都市情感大戏，或狗血或煽情，证明了"痛点"和"爽点"在哪里，"消费者"就在哪里。

美妆博主@叶公子，其标签性内容为从懦弱、丑到强大、美的逆袭。这也非常贴合叶公子受众的心理需求：因为变美的需求关注美妆博主，通过美妆剧情中逆袭变美的桥段，投射自身，形成情感共鸣，最终促成消费。

2019年开始，佳洁士陆续增加了不同产品线在抖音的投放，此次佳洁士对@叶公子的投放，选在618电商狂欢节前夕，以为新产品热感牙膏带货引流为目的。

@叶公子

我就是喜欢你这副看不惯我，
又干不掉我的样子

 保存图片到相册   打开抖音立即看到

视频一经上线，直接转化消费金额200多万，成为实打实的"带货小王子"。

就媒介策略而言，品牌方选择了垂类美妆剧情达人@叶公子——一个专注逆袭剧情的美妆博主，擅长捶打粉丝痛点、刺激用户爽点进而种草，在抖音快速吸粉并迅速跻身剧情类电商达人头部。

内容层面,视频从最容易发生的生活化场景"老同学聚会"出发,将产品卖点包装成用户感同身受的痛点:你曾经因为牙黄受到的委屈和心酸,佳洁士热感牙膏都可以为你解决。购物冲动从痛点被击中的时候就开始了。与此同时,针对产品卖点"热感"的描述,让那些对痛点感触不深的人对产品本身形成好奇,覆盖更广泛人群。

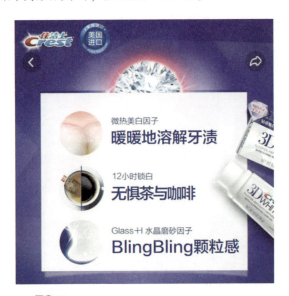

剧情种草短视频在原生内容平台较之其他种草方式，有着天然的优势。

总结@叶公子的视频，其带货秘籍主要有两点：

（一）逆袭

逆袭是戏剧形式中永恒不变的驱动力，是对现实生活中浓烈挫败感的释放，是一种对生活的憧憬和向往。无论是童话作品如"灰姑娘""丑小鸭"还是"杜拉拉"，本质都是一种反转模型。基于短视频的特性，叶公子的逆袭有两点不同，一是反转用时更短，报仇绝对不超过10秒钟；二是反差更强烈，打脸力度够大。

（二）共情

@叶公子所有的故事都发生在容易引发"共情"的典型场景中。闺蜜劈腿、偶遇前男友、同学会、同事聚餐……这些日常场景是爽剧的摇篮。在这些场景中，如果有人跳出来，帮你做你想做的事（鼓励），替你说你想说的话（代言），安慰你复杂纠结的情绪（支持），你很难不"深有同感"。

不同于评测、种草达人，剧情类达人更多传递的是理念，比如"化妆给你自信"，而非提供如何化妆的解决方案，对产品推荐更多基于品牌露出和简单的卖点口播。限于内容模式，这类达人在带货效果上参差不齐。核心原因有两点，一是尚没有形成@李佳琦、@呗呗兔这类知名个人IP；二是粉丝黏性和粉丝画像还有待优化。

从达人角度来看，目前剧情类达人带货能力的头部之争未见分晓，这一垂类目前还是竞争蓝海，比如男性逆袭、职场菜鸟逆袭等赛道都缺少头部达人。

第二节　抖音电商带货 4C 方法论

当品牌在抖音投放原生商业化内容的时候，他们应该投放什么内容？选哪类 KOL 去代言或带货？输出什么样的品牌价值？一个看似偶然的购买行为，实际上是由每一个必然的细节组成的。本文将重点介绍头条易首创的抖音电商带货 4C 方法论。

- 媒介策略—Characters，取决于你的目标人群是谁。

  男生喜欢小姐姐，女生喜欢小哥哥，目标人群锁定，才能实现 KOL 的精准匹配。

- 内容策略—Core value，决定了你的目标人群如何接受你的准确信息。

  剧情有剧情的有趣，评测有评测的实用。要根据产品的调性，去选择适合的内容展现策略。

- 引流策略—Cart-shopping，决定了目标人群在接收到准确信息后的购买欲如何实现。

  购买欲的产生只有 1 秒钟，触手可及的购买链路，才能让购物冲动有处安放。

- 利益策略—Coupon，决定了在购买欲出现的时候，临门一脚强助攻，促成购买行为。"不买我就亏了"是利益策略最重要的心锚。

一、媒介策略：精准选号

影响媒介策略的几个因素包括：产品是什么？投放目的是什么？你的目标用户是谁？回答好这三个问题，媒介策略的选择就事半功倍了。

（一）你的产品是什么

在互联网视频领域，抖音拥有最多的日活用户，最多的活跃 KOL，最优质的用户画像，最短的营销转化链路，能够最大程度上为品牌曝光提供舞台，为品牌转化提供链路。

在抖音，产品属性决定了媒介策略瞄准的受众。

美妆找垂类美妆博主，服饰找高颜值 KOL，文旅找旅行 Vlog 号……抖音作为内容型平台，账号类型丰富多样。了解产品，才能规划出一条清晰的媒介路径。

（二）投放目的是什么

抖音商业化广告投放目的不外乎三种：品牌声量，效果转化，品效合一。

基于投放目的的不同，在资源配比及媒介策略上也有不同的划分。

汽车、文旅等货单价高或旨在做品宣的投放，目标应以提升品牌声量为主。在筛选 KOL 账号的时候，优选原生品类达人，高效保证互动数据。

美妆、个护、服装等售价较低，可以靠冲动消费狙击用户钱包的单品，以转化为目标，匹配带货类达人，展示产品的同时实现效果转化。

明确投放目标，据此精准匹配垂类达人，效果才能事半功倍。

（三）你的目标用户是谁

目标用户决定了选择什么样的账号，匹配什么样的内容，输出什么样的价值，影响什么样的人群。

基于目标用户精准匹配 KOL 的粉丝画像，重合度越高，圈层影响力越强。基于抖音圈层分发、兴趣分发的特点，完成有效推广。

如目标用户在 18—25 岁之间的产品，匹配粉丝画像年龄分布最接近的 KOL，有效将内容锁定吸引这部分人群，实现最大程度的有效分发。

媒介策略是抖音商业化内容投放的基础，明晰品牌需求，筛选风格类型，匹配用户画像，确定垂类达人，完成整个媒介策略链路。

快速崛起的美妆品牌"完美日记"历来是 KOL 投放大户，收益颇多，我们可以看下完美日记是如何选择达人的。

以"完美日记小酒管"这款口红为例，数据显示，这款产品关联了 600 多位达人，数量相当惊人。其中 2019 年 9 月合作的达人，既有 @ 李佳琦这类拥有 3000 多万粉丝的顶级流量达人，也有 @ 柚子 cici 酱这种头部达人，还有不少腰部达人以及数量庞大的尾部达人，呈现出顶流 + 头部 + 腰部 + 尾部的金字塔模型。

值得注意的是，这些达人不局限在"美妆"这条赛道，而是呈现多赛道达人共同参与的态势。

例如：

@ 林末范——597 万粉丝，搞笑类账号

@ 星狗——287 万粉丝，颜值美女类账号

@ 康雅雅——183 万粉丝，颜值帅哥类账号

@ 万事屋小慢——97 万粉丝，剧情类账号

同时，还有一些手绘、游戏、穿搭、生活类账号参与其中。

虽然内容赛道不同，但从大数据提取的粉丝画像看，他们拥有一些共同点：

第三章 电商带货：4C 硬核方法论

一是粉丝女性居多；二是粉丝年龄区间第一峰值是 18—24 岁，第二峰值 24—30 岁，这也是完美日记目标用户的典型特征。

可以看到，"完美日记小酒管"的投放，不再是根据达人的内容赛道来选定达人，而是根据圈定的粉丝画像来匹配达人。逻辑是，只要粉丝画像与自身产品用户画像是匹配的，选不选用美妆达人并不重要。如此，首先达到了精准触达用户的目的，同时达到了对同一用户群体重复触达、叠加覆盖的效果。

简单来说，就是产品的潜在用户在一段时间内刷抖音会经常刷到这款口红，既有美妆达人的讲解推荐，也有其他小仙女的测评试用，还有小哥哥给自己女朋友买这款口红的短剧，在用户视线内营造信息茧房，让用户形成"这款口红现在好流行，不能落伍，我也要试试"的认知。

在内容形式上，也不再僵硬地重复带货达人讲解产品功能、卖点的做法，而是寻求理念认同，软性植入，以此获得更大曝光和互动。

从"完美日记小酒管"投放效果来看，垂类达人可能转化率不错，但合作成本高；而泛流量达人优势在于流量大、成本低。两种达人对于品牌来说互补性强，很难彼此替代，可以统筹投放。

二、内容策略：核心卖点

核心卖点＝痛点＋记忆点。

经过媒介策略精准匹配的账号类型，基本具备了与产品高度一致的风格调性，而在产出内容的时候，要使传播效率提高，则需要格外注意以下两点。

（一）紧抓用户痛点，形成爽点

购买欲源于对产品功能的需要，而对用户痛点的反复刺激，则会加速购买行为的完成。如：丑是痛点，产品核心卖点提供美的价值，逆袭的结果则成为爽点。

内容投放的目标之一是无限放大用户对产品的需要，无限增强用户对产品作用的想象，继而刺激用户加速购买行为。

（二）围绕核心卖点进行内容创作，为产品增加记忆点

一段有趣有情的内容，只有围绕产品卖点展开，才会加深用户印象，最终形成购买行为。

如：产品核心卖点为亮白牙齿，那么只有围绕着牙齿变白的好处，或逆向思维围绕牙齿发黄的坏处，继而引出产品，才能为用户种下想要牙齿

第三章 电商带货：4C 硬核方法论

亮白就买它的想法。

内容为王，只有通过好的内容策略，产出优质的内容，才会高质量完成投放目标。但对于不同的品类，所采取的内容模型和路径不尽相同，大致可以分为"功能""情感"两种模式。

一些具有独特功能卖点的产品，可主攻自身优势，比如扫地机器人，可突出我比竞品扫地更干净彻底；电脑，我比竞品速度更快，等等；一些

在独特功能卖点上没有突出优势的产品，比如衣服，更适合谈情感诉求。

这是达人@神奇导购带货的一条爆款视频，点赞180.8万，评论8.3万，转发5.5万，带货的牛油果绿连衣裙直接空降抖音好物榜第二名。

故事梗概是，一对情侣因为该不该买一件连衣裙而争吵进而分手。男生的理由是：要生活、过日子，得省着花；女生的理由是：买一件衣服怎么了？争吵升级，最后以女生甩下一句"你有什么！"分手结束。

视频引发目标用户人群对于爱情的大讨论。这个视频成为爆款的核心在于把日常情侣分手的原因场景化、戏剧化，从而引发年轻目标用户人群极大的情感共鸣。很多女生基于"老娘自己买"的补偿心理和情绪波动，快速下单购买了这件连衣裙。

从中可以借鉴，对于一些产品，可以先确定自己的目标用户，有清晰的用户画像，然后围绕这个特定群体，找到他们生活、工作中的"痛点"。记住，是一个没有对错、相对感性的"痛点"，然后把产品植入进去。核心是借势用户的情绪波动，激发补偿性消费、炫耀性消费等消费心理。

三、引流策略：标配购物车

让购物车成为标配，随手一点，购买欲转化为行动。基于媒介策略和内容策略的内容已经激发用户购买的冲动，此时一条最短的购买链路，能最大程度地促成整个购买行为。

1. 加挂购物车，用户点击进去即可看到商品详情描述和他人评价，闭环链路，提升电商转化率；

2. 磁贴弹出+剧情赋能，购物车转化率翻倍，购物车磁贴弹出时间为第15秒左右，剧情或BGM可配合磁贴弹出做"神转折"，刺激购物；

3. 除了购物车可向电商平台引流外，抖音平台还有 Link 等产品。经实操验证，购物车引流用户流失率最低。

购物车作为抖音最具带货实力的转化组件，还有如下优势：

购物车位于 ID 附近，手误点击率高，点击就会有转化率。

磁贴弹出，激起用户好奇心，促使点击行为发生。

购物车意味着可购买，对于冲动消费人群具有天然吸引力。

一个优质 KOL，一条高质量带货视频，在精准刺激用户购买的同时，配合相应购买链路，最大程度地满足用户的购买需求。

四、利益策略：配置优惠券

为最大程度打消消费者购买疑虑，强力助攻完成购买，配置优惠券是最行之有效的手段——肉眼可见的优惠，最能刺激购物欲。

（一）满足消费者心理，花最少的钱买最好的东西

领取无门槛优惠券，刺激消费者消费，从而弱化消费者对价格本身的关注度。

（二）优惠券配置的正确姿势

优惠券促销能够细分顾客市场，加强顾客忠诚度。

在了解优惠券对整个购买行为起到助益作用之后，我们来了解一下优惠券配置的正确姿势。

优惠券可置于抖音购物车中转页面，通过跳转平台领券购买的价格差异，吸引用户跳转电商平台，减少跳转步骤的用户流失。

优惠券可置于落地页领取。通过领取优惠券获得利益，继而刺激用户完成整个购买行为。

第三节 四级数据分析

市场营销是项专业工作，但讨论营销时，大家喜欢说"我觉得"。产生争论后，也很难有标准来衡量，从而陷入低效沟通的困境。但如今互联网对用户行为数据、消费数据的捕捉越来越精确，为实现营销的精准化、科学化提供了机会。

本文将介绍抖音达人投放时会用到的一些数据，及这些数据背后的用户浏览行为和消费行为。

一、互动数据

互动数据包含：播放量、点赞数、评论及转发。

互动数据展示了用户对已提供内容的认可程度。

抖音根据用户标签喜好进行圈层分发，根据完播率及互动数据进行流量池的层叠分发。

因此，播放高则表示内容完播率高，实现了小流量池到大流量池的递进。其他互动数据高，证明内容或有情或有趣或有料或有用，使得用户有了点赞和互动的热情。

二、购物车点击量及进店量数据

原生内容的商业化植入，只有在互动数据表现优异的情况下，用户才能从内容中提炼出对产品的好感，接纳植入的产品功能点，联想自身对产品的需求，进而点击购物车。

点击购物车源于对内容的肯定，在进入落地页网站的跳转过程中，往往会有一定量的用户流失。要避免这一部分用户流失，需要两种方式。

（一）情绪激发

@神奇导购

爱情，从什么时候开始就没了呢？

保存图片到相册

打开抖音立即看到

如@神奇导购这条视频，内容以"求而不得"为主题，将连衣裙与那些年错过的爱情挂钩，通过共情式种草，将用户心里对错过的爱情的遗憾，与购物车中呈现的牛油果色连衣裙挂钩——对爱情的遗憾有多强，这份购买冲动就延续多久，直到完成整个购买行为。

（二）利益激发

有些用户之所以在点击购物车后跳出，可能是想再比比价，这时把优惠券奉上，以利益吸引刺激用户点击领券按钮，从而实现站外电商平台的跳转。利益激发加之用户对产品本身有一定需求，最终加速购买行为的产生。

竖屏：短视频营销品效合一硬核方法论

三、商品、店铺收藏数据

用户在跳离抖音，进入电商平台之后，这部分数据的发展则验证了内容对用户短时刺激的直接反应。

（一）购买行为发生

购买行为的发生证明内容对用户产生了强烈的刺激，引发了用户对产品本身的强烈需求，最终促使购买行为发生。

（二）购买行为未发生但针对产品进行收藏，甚至对店铺进行收藏

内容对用户购买欲的刺激在用户进入电商平台后逐渐冷却，用户暂时放弃购买，但转而对产品进行收藏，以待降价或等待更恰当的时机。而当用户对整个店铺产生兴趣，则会关注整个店铺的动态，成为一个稳定的潜在消费者。

四、购买转化数据

品牌的营销究其根源，最终追求的目标是品效合一。

而产品经过抖音商业化内容的洗礼，最终经过电商平台验证，完成了内容到变现的转化。至此，产品的投放已经完成了从种草到割草的完整链路，在这个链路中影响转化数据的因素是非常综合的。

（一）内容对最终转化的影响

对于最终转化来说，前期内容就是一个深度种草的过程。内容越是击中用户痛点，越是能够激发购买行为的完成。

（二）单人进店成本与最终转化的比例

品牌与KOL进行合作，最终ROI（投资回报率）呈现与单人进店成本作比较，往往引导进店人数越多，单人进店成本越低，最终成交率越高，ROI指数也就越高。

如@呗呗兔对比某电动牙刷，完成了单人进店成本从14元到7元的突破。

（三）电商平台对商品转化的最终影响

用户自抖音向站外电商平台跳转后，内容带来的购买冲动会逐渐减弱。此时电商平台内要保持刺激延续，则能进一步促进商品转化。而在这一阶段，利益策略、功能概述、代言人选择及舆情管理等，都会影响最终的转化数据。

第四节　辅助带货工具

在短视频营销日渐主流的当下，抖音带给品牌的营销价值不可估量。抖音持续在内容、传播方式和平台功能等方面进行全方位优化，助力品牌主实现品效合一。本文将介绍几款抖音带货能力优秀的辅助工具，用好了它们，可以事半功倍，以小博大。

一、购物车

电商变现是平台商业化的重要一环，其中抖音购物车又是电商变现的重要辅助工具。开通商品橱窗，完成新手任务，一步步解锁购物车功能，便可在个人主页展示店铺页面。商品可通过视频、直播等多种方式进行曝光。粉丝用户可以在获取内容的同时，进行页面跳转，从而进行商品购买。

开通抖音购物车功能后，视频推荐页面、视频评论区、个人主页的商品橱窗等处都会显示商品链接，点击进去，跳转商品详情页可实现一键购买。要开通抖音购物车功能，首先要开通商品橱窗功能。

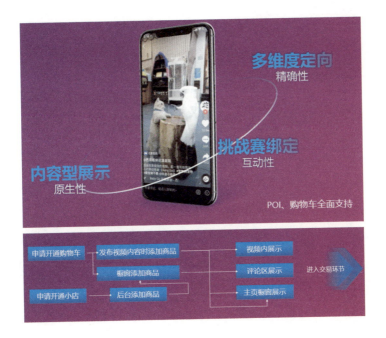

（一）商品橱窗

1. 开通门槛

0 粉丝以上的所有抖音用户，发布 10 条视频且实名认证即可。

2. 开通方式

（1）关注抖音号"电商小助手"并私信，可以在私信界面底部看到申请入口。

（2）抖音 App—我的—右上角—申请开通商品分享功能。

开通商品橱窗后，个人账号的主页里会有一个单独的窗口展示。创作者可以直接在橱窗里添加淘系、京东、抖音小店等商品链接，用户可直接在商品页挑选商品。

（二）视频购物车

开通商品橱窗且完成新手任务后（10 天内添加 10 个商品到橱窗），

可在抖音 App—商品橱窗—右上角电商工具—更多权益里解锁视频购物车功能。视频购物车开通后，便可以在视频发布页添加商品链接，商品会自动展示在左侧的购物车标签里。

（三）直播购物车

以上内容全部解锁且粉丝高于 3000 后，便可在直播时添加商品链接。在直播间的左下角，会有一个黄色的购物车标识，点击可进入商品详情页进行购买。短视频在电商时代扮演着越来越重要的角色。美妆、服饰、美食、母婴、家居、箱包等众多行业领域企业，可以通过购物车功能将有趣的内容与商品展示很好地结合在一起，刺激用户的购买欲望。

案例：@ 醉鹅娘

商品橱窗功能自正式对外开放以来，开通的用户呈直线增长趋势，商家也对商品橱窗功能进行重点发力运营。抖音 KOL@ 醉鹅娘在两百多万的粉丝基础上，于 2018 年双 11 + 双 12 电商大促节点，促成带货交易近 1000 万元。

1. 基本数据

粉丝数量 262.7 万，获赞 809.7 万。

2. 人设定位

@ 醉鹅娘，集颜值与才华为一身的红酒达人。有着专业的红酒知识，为用户推荐平价且高质量的红酒。多次专业领域内的获奖经历，增强了粉丝的信任。

3. 内容要素

（1）快速口播，科普酒类相关知识，安利好物，实用性强。

（2）通过知识普及，降低用户在葡萄酒和吃喝领域的花销。

（3）不断输出用户有兴趣的内容话题和干货知识。

二、抖音小店

抖音小店是抖音为创作者提供的电商变现工具。用户在开通商品橱窗之后，若不想使用淘宝店铺或者没有店铺，便可以申请开通抖音小店来添加小店商品，进行商品售卖。

作为抖音内部的电商变现工具，用户可直接在抖音 App 上购买，无须跳转第三方平台，减少流失转化率。但抖音小店开通有门槛限制。

（一）入驻条件二选一

1. 条件一：资质齐全，有淘宝、天猫或京东第三方平台的店铺。
2. 条件二：资质齐全，抖音账号粉丝大于等于 30 万。

（二）开通方法

【商品橱窗】—【电商工具箱】—【开通抖音小店】。

比较遗憾的是，抖音小店目前在抖音站内没有聚合页，没有一个具体的呈现形式，只能通过【商品橱窗】—【电商工具箱】—【商品橱窗管理】—【添加商品】的路径来添加抖音小店的商品，添加的商品呈现在商品橱窗或者视频落地页中。

抖音小店适合经营的产品类目非常之多，例如户外运动类、宠物用品类、家居用品类、图书类、厨具类、汽车用品类、土特产类等。从目前的数据分析来看，女装、宠物用品、家居用品、3C 配件等类目转化较高。抖音小店适于寻求转型的电商从业者。对在抖音站内拥有大量粉丝，并且拥有一手优质货源的抖音达人来说，入驻抖音小店是不二选择。

抖音小店可以将大量的精准流量沉淀在自有生态中，用户从产生购买欲望到完成消费支付，购买链路最短，用户流失最低，可以大大提高内容变现的转化率。

三、抖音 Link

2019 年 1 月，抖音 Link 全面开放，无论是 PGC、UGC 还是 OGC 内容，抖音都可以为视频添加 Link，让每个抖音用户都成为品牌主的代言人。

抖音 Link 是抖音推出的一款内容流量曝光产品，是广告主直接进行的广告投放。基于原生内容和商业需求的合理匹配，根据目标人群及场景特点定向优质抖音达人，在他们发布的视频内容主页和评论置顶区嵌入品牌文字链接，最优触达目标人群，进而实现最大程度品效合一。

抖音 Link 的优势有：

1. 海量内容，合理匹配

基于抖音海量原生内容，根据客户目标人群及场景特点，与内容标签合理匹配，最优触达目标人群。

2. 优质曝光，原生传播

视频页和评论置顶区核心曝光点位，在抖音站内实现原生传播，展现样式无广告标，自然传播无干扰。

3. 落地定制，灵活创意

可点击跳转外链及内链落地页，满足客户下载/线索/宣传/分发等多场景诉求，灵活定制提升转化效果。

4. 形式多样，品效合一

包含常规、弱冠名、强冠名三种组件样式，满足广告主不同的投放需求，促进品效合一。

基于人工智能精准匹配的内容标签，抖音Link使用场景多样，可应用于挑战赛、美食、时尚、旅行等各类视频，可以满足多行业、多样化品牌营销需求场景。巧妙使用Link，将自然内容流量和商业落地场景联系起来，能够实现从线上到线下，从种草到割草的闭环转化过程。每条视频都是导流源，为电商购买页带来转化。

案例：#旅行串串，开启你的旅行

旅行串串是一款最近非常热门的旅行题材经营手游，通过抖音Link圈定了旅行、萌宠、情侣、二次元、生活剧情、动漫等几类达人类型标签进行投放。截至2019年9月，旅行串串的话题量已达到8393.0万次播放，实现旅行串串手游在抖音平台上的快速传播，为这款休闲小游戏聚集了足量的用户关注。

在此次抖音Link选定的达人中，有旅行达人@房琪Kiki，萌宠达人@尿尿是只猫，高甜情侣号@思宇嘉嘉的日常，动漫账号@元气食堂等多位达人，粉丝总量超过2000万，有效覆盖目标受众人群。

@女王夏小曼

#旅行串串 真正称得上回忆的东西都是面对面一起经历的@旅行串串游戏

保存图片到相册

打开抖音立即看到

除了合理匹配内容及用户标签外，抖音 Link 在达人视频主页核心位置体现了快来跟旅行串串一起环游世界的游戏理念，并根据各个达人不同的风格调性，配置不同的文案。萌宠号对应的文案为"你是和尿尿一起旅行的小猫咪？"高甜情侣号的文案内容则是"旅行与串串，还有爱和你。"

Link 展现样式无广告标签，可以正常进入推荐信息流。传播形式更加原生，有利于增加用户对游戏的好感度，提高游戏 App 的下载数量。

抖音正快速从泛娱乐化向垂直化发展，抖音站内内容标签也越来越精细化。Link 资源可覆盖的标签有生活、时尚、二次元等 20 余类，可以满足汽车留资到店、3C 新品上市、电商带货转化、旅游产品推广等多行业、多样化的品牌营销需求。

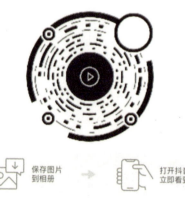

四、POI

人们经常在刷抖音的时候，看到视频中的美食不禁垂涎三尺，心生向往，于是会产生"这些好吃好玩的地方到底在哪"的疑问。

作为新的流量中心，短视频领域的排头兵，抖音就此推出营销利器

"POI"。"POI"是"Point Of Interest"的缩写,对应的中文含义为"兴趣点"。而在抖音,可以将它理解为位置定位或无数个线上门店。POI可以让商家获得独家专享的唯一地址,呈现方式就是抖音视频中的定位图标,点击之后用户可以看到类似大众点评页面的商家详情页。页面聚合了定位这一地址的全部视频内容,企业通过POI页面可以向用户推荐商品、优惠券、店铺活动等。

POI可以帮助商家一键实现从线上到线下的导流,再由线下门店用户反哺线上流量,使线上线下实现完整闭环,从而实现流量的高效转化。

案例:#717抖音嗨吃节

2019年7月,抖音结合地域特点在上海、北京、广州、成都、南京、重庆、深圳、西安、杭州、长沙10城举办#717抖音嗨吃节。

嗨吃节囊括美食优惠、免费美食大餐、线下活动及地方特色美食展示等,通过"线上+线下"相结合的活动模式,为吃货们提供极限优惠价格以及汇聚民意的权威美食参考。

嗨吃节邀请达人进行线下探店打卡,对活动进行预热。充分利用抖音POI功能,用户在抖音可以一键触达线下门店的详情页,还可以在详情页中领取各大门店的免费美食券、打折券,吸引用户到店消费。POI+抖音卡券的组合,成功把线上大流量引到线下,为各门店吸引了大量本地消费者。

@二博

回重庆的一顿大餐就被@浪味仙 吃垮……还好有券在手，天下我有~#717抖音嗨吃节

 保存图片到相册 → 打开抖音立即看到

@肥仔吃深圳

你有见过如此大的肉骨山吗？全家老小点左下角有5折优惠了喂@抖音美食 #排骨

 保存图片到相册 → 打开抖音立即看到

第三章 电商带货：4C 硬核方法论

@杭城睡衣吃货

第一次来图书馆给学妹补习，没想到……#717抖音嗨吃节 #美食@抖音美食

 保存图片到相册 → 打开抖音立即看到

对于这些美食爱好者来讲，在抖音视频中看到令人垂涎欲滴的美食之后，POI 让他们第一时间了解到店铺的所在位置、营业信息，加之配置了强势的优惠卡券，没有任何一个吃货可以抵抗住如此诱惑。自抖音上线打卡利器 POI 后，不仅提高了品牌的传播效率，更助力了品牌营销的落地转化。

第五节 直播带货风口

一、千亿直播电商风口下，主播如何养成

直播电商是现阶段购买转化率最高的方式。

QuestMobile 发布的《2019 年 618 电商大报告》显示，直播网购用户群体的人均使用时长和次数均高于移动电商全网数据，其中有接近 8 成的直播网购用户消费能力处于中高水平。

直接电商是无数个体的"在线购物频道",每个个体从价格体系、选品到呈现方式,都独一无二。主播团队的个体印记,包括性格、审美、表达方式,对供应链的熟悉程度,在价格体系上的博弈能力,把握节奏以及控场能力等,对直播的效果起着决定性的作用。

淘宝直播 2018 年就已经有上千亿 GMV,下单人群总数超过一亿,同比增速 400%。淘宝直播入口被提升到了一级页面,还开发了独立的 App,鼓励主播全网薅流量是淘宝直播的打法。

直播也是快手的主要收入来源,2018 年下半年快手小店的开设更是加速了直播电商变现。快手商家号用户数超过 60 万,每日新增用户数超过 1 万,日均直播场次超过 20 万。

蘑菇街发布的 2020 财年第一季度财报显示,其直播业务 GMV 为 13.15 亿元,收入占比超过 3 成。来自直播业务的活跃买家 270 万,同比增长 90.4%。

字节跳动将抖音、西瓜视频和火山小视频组成直播业务中台,希望通过底层技术,在运营管理层面做统一。

微博也在 2019 年 8 月宣布,微博电商直播将与淘宝直播打通,实现双平台分发。

高达数千亿的直播电商市场正值风口。平台们看上了主播们精准粉丝的黏性和购买力,纷纷给予资源、人力、货品、场景共同助力。

直播也是抢占主播时间的战场,不像短视频内容的多渠道分发,主播们的时间因限量而竞争激烈。在风口之下,无数腰部和底部主播们也纷纷进场。

- 主播们来自哪里?电商主播如何养成?
- 在主播养成环节中,直播电商生态链不同的节点又起到什么作用?

以美妆时尚品类为主,我们探访了相关直播电商产业链,和行业人士聊了聊这个话题。

（一）一位图文美妆达人的转型

32岁的柳雪冷是一位美妆达人，有着扎实的美妆护肤功底，在博客微博时代就在圈子里小有名气，之后在某家淘宝运营服务商做过内容营销负责人。从2017年开始在淘系做全职达人，她用图文方式带货，2017年双十一期间就赚了十几万元。可一年之后风向变了，随着短视频崛起，图文带货能力急剧下滑。

柳雪冷没赶上短视频的风口，在2019年年初尝试做视频直播，最初每天播两三个小时，有一搭无一搭做了半年，2019年8月签了一家淘宝直播MCN机构，把主播当作职业来做。为了拍视频直播保持形象她开始减肥，每天直播七小时，每周休一天。这并不算太辛苦，有些美妆行业新人主播还需要用几个小时背稿，每天需要在工作上投入十几个小时。

她和机构谈签约时，机构运营人员问她，你有多少存款？这是很现实的问题，直播主播需要时间养成，有多少存款、多大经济负担，决定了她至少可以坚持多久。主播签约后并没有底薪，佣金收入要和机构分成，机构提供运营选品支持，其他都靠主播自力更生。

"以前当图文博主日子太舒服了，每天工作两个小时就能月入几万元。现在想通过直播把热情重新调动起来，走上坡路虽然累，好在积累势能，不消耗自己。"她把直播当作知识精进、素材积累的方式，通过这种方式了解用户心理，即便以后这条直播达人的路没走通，有过这段时间的沉淀和积累，做美妆内容也会碾压传统思维的人。

目前柳雪冷的粉丝有一千多，好在带货转化率不错，一个月出了几百单，但涨粉太难。淘宝官方的说法称平均十八个月出一个主播，机构告诉她，保持她现在的状态，直播半年可以达到月入三万到五万。她决心坚持到明年618，看能否有起色。

有很多达人像柳雪冷一样，随着图文内容红利的下滑，或选择换了行业，或转型做短视频/主播。有人宁可辛苦一些，收入和机构分成，也要拥有自己的账号归属权。也有一些人在某家店铺做主播，拿公司底薪+提成，等同于重新回归职场上班。

淘宝直播 Top 10 的直播机构纳斯曾做过统计，主播存活率只有 50%，大多数主播做一个月就无法坚持下去。熬夜、工作辛苦、对未来的不确定感，不知何时才能变现的煎熬都可能是让主播放弃的原因。

主播们来自于哪儿呢？据不完全统计，有以下几个类型：

1. 职业主播：电商运营、主持人
2. 从线下到线上的行业从业者：企业主、老板娘、BA、供应链
3. 职业转型：颜值主播转型、达人、明星、老师、模特

简言之，主播的属性分为上班族和自由职业者/企业主。

（二）主播带货力：专业＞颜值素人＞演员

一场完整的直播内容包括：主播产品体验、内容干货、展示产品优势、活动利益点、网友互动、购买方式引导等。

某大厂直播间

普通人面对着拍摄机器很难进入状态。直播新人需要从打招呼、互动、如何讲解商品开始学习，如何把控节奏，何时抛出利益点都是有讲究的。

节奏主要看主播控场的主持功底，利益点则考验主播的销售专业度。

颜值并不是主播的核心竞争力，对于所在领域的专业度、情商和勤奋坚韧，才是关键。有时候别人眼中的短板反倒可能成为竞争力，比如微胖女生做女装直播，反而在大码女装细分类目里占据优势。

阿里 V 任务显示，淘宝直播有着数千家服务机构，拥有超过十个以上主播的有 500 家机构，接过 10 个以上带货 V 任务的机构只有 278 个。整个直播电商行业刚刚进入第四年，很多主播都是新晋入场，尚需要大量的时间心血磨砺。

具有直播基因的快手，很多原生达人都是靠内容直播起家，积累了忠实的铁粉，度过野蛮生长期，开始卖货变现。主播类型也丰富多样。服务了数百位快手主播的快手官方服务商惟业科技 CEO 何玉龙说："在快手，带货能力强的是素人主播，很多网红都是从最早的夫妻店发展起来的。"

服饰达人@小佛爷以短视频＋直播的方式在快手做了一年多的时间，把拍摄场景放在店铺里，用一个个穿搭个案来帮老铁们解决搭配需求。如今@小佛爷六个小时的直播时间能带出五万单的销量。主播曾是服装市场的二级批发商，做实体也曾做到批发商前三的成绩。

在快手上拥有 15 万粉丝的@蕊蕊，和丈夫一起经营的线下实体店铺生意下滑后转向短视频平台，起名为"吸引利蕊蕊"。直播更新日常穿搭内容，目前出货稳定保持在每天 1500～2000 单，在快手的月交易额已经稳定在了 300 万元左右。

（三）直播主播关键词：人、货、场

人、货、场是电商最核心的部分。每个部分都有很多细节可以打磨。

人是流量，是吸引力，需要人设信任背书，需要若干次购买行为验证。一旦口碑建立，粉丝的购买力、爆发力是极其惊人的。但这种信任也是易碎的，就如因颜值而来的粉丝会因主播颜值崩塌"弃坑"，因性价比聚集来的人会因价格没有优势而毫不犹豫地离开。

直播团队少则两三个人，多则四五个人。除了主播本人，还会有其他角色参与来做运营、场控、助播，除了现场工作人员，还需要有选品、客服等成员。

大主播们用性价比高的标品占领用户心智，用非标品带利润。而新主播，更是需要性价比高的好货或独家货品来攒人气。初期找货是件艰难的事，初入行新主播靠卖货提成可能连往返直播基地的打车费都赚不回来。直播基地空间档期有限，是否投入成本带新人主播，都需要一一洽谈、博弈。主播如果没有货端的支持，就会对MCN的依赖比较强。

某服装主播直播现场

以服装主播为例，一场直播需要100款左右的货品，一个月就是3000款，一家供应商很难满足需求，MCN需要和供应商深度捆绑。"一家MCN有几十个主播，一家供应商有上千款服装。粗略算下来，一家MCN至少需要几十家供应商来支撑，一家供应商合作十个MCN，组成主播池和货品池。"一位前淘宝直播MCN的从业者说。

一位有供应商和直播基地的老板，想出的解决方式是和MCN合作。MCN出一个中腰部主播带三五个主播新人，自己搞定供应商和提供直播基地——如此合作才能和机构一起孵化新人。

（四）直播主播养成：半月见功力一年可养成

不同的主播频道，各自有自己的人设定位。

有的频道是"聚划算"，用限量、限价、限时击穿观看者心智；

有的频道风格类似集市中手持喇叭的地推销售，玩一些套路，来吸引更多围观人群；

也有一些频道手持独家的货源，在镜头前呈现出货品的成色，真人甚至无须出镜，只需当一个随时视频在线的销售+客服；

有的频道具有极强的人设，面对的与其说是观众，不如说是粉丝。受众将买货作为对主播的打赏方式之一，对自己的主播进行"爱的供养"。

和任何生意的逻辑一样，直播带货的本质是货。如果有流量导入，有好的供应商扶持，带货主播少则半个月，多则一年就能实现变现。

根据蘑菇街的数据，"如果按照变现来说，最快15天左右就很不错了。出色的新人主播一天可以卖出其他主播一年的销售量。"

惟业科技CEO何玉龙也这样判断，"在快手做半个月主播就会对自己有清醒的认识。一般一个月左右就能有销量，一天卖一二十单都有可能。"何玉龙指出，电商服装类直播适合实体店老板或批发商来做，反正没有多少成本。

何玉龙的公司服务了数百快手商家网红，他总结了几点快手方法论：

1. 用大数据监测，推导出平台扶持、限制什么品类。

2. 带货内容有用胜于好看，好看的内容未必带货。把产品原原本本、朴朴实实展示出来，用专业性内容精准投放、优化带来有效涨粉。

3. 短视频吸粉，带货靠主播。有些十万粉丝账号比一百万粉丝账号的带货能力强。

主播养成初期会有些烧钱，需要提供利益点吸引更多的粉丝观看直播，之后做到收支基本平衡，在某个阶段卖某些货品可以赚钱，然而真正培养出有生命力的电商主播需要按年计算。

"一年有四季，真正走完了四季，才能真正知道商品的生命周期。商品有明显淡旺季。比如服装，六、七、八三个月是整个服装行业的淡季，还有一个淡季就是年初，上半年是偏淡季，下半年就是旺季，淡季、旺季的玩法不同。一个主播有可能在旺季业绩很好，淡季却很惨，所以真正走完淡旺季之后，才能看出这个人的成长。"蘑菇街的直播业务负责人璟宇说。

（五）不同平台的直播电商主播红利

多重因素的叠加，形成了直播电商的风口。这其中包含：

- 交易双方从单向输出到双向即时互动的交流方式的变化；
- 影像直播的方式快速拉近了人和货的距离；
- 下沉市场的小微企业主从线下到线上的战略大挪移；
- 商品从源头到用户的路径大大缩短，帮用户减少了中间环节的成本，带来极致的性价比；
- 主播、货源、店、平台在直播场景下协作构成了完整的生态圈，平台乐于助推，用流量导入，进行赛马机制。

下面我们来盘点一下部分平台的红利政策：

1. 淘宝直播——全网薅流量，淘宝变现

在淘宝直播，对网红和明星来说仍有红利。

淘宝 2019 年上半年启动"启明星计划"，招募站外粉丝 100W＋，且在专业领域有影响力的明星、KOL、媒体或自媒体。他们可以用外部粉丝量和知名度撬动平台站内的曝光机会。在淘宝直播 App 输入"启明星计划"，可以看到明星们的直播回放，不少直播播放量远大于粉丝数，由此可以看出淘宝给出了多少流量扶持。

此外，淘宝在 2019 年 8 月底新推出"淘宝神人"，宣布将持续 3 年投入 5 亿元，全面打造淘宝神人 IP。淘宝直播不仅推货，也开始塑造有内容的人，让交易市场内容化，融入更多人和人之间的交流，增强可看性和内容温度。

淘宝在构建直播电商产业的生态圈，在给予基地店铺资源扶持的同时，对接了主播和优质货源，人、货、场得以匹配。

2. 快手——短视频做涨粉预告，直播做变现

继原生达人之后，MCN 机构和明星已经成为快手电商的最新参与力量。对于快手来说，卖货是丰富生态的路径之一。

快手老铁自发形成了打赏挂榜文化，商家通过在大主播直播间打赏换取登上榜单排行的机会，主播会在下直播时给榜单排行第一的账号带流量。虽说挂榜换来的粉丝忠诚度未必高，但对于商家的卖货很有效，相当于民间版的竞价排名。

机构达人玩法稳扎稳打，通过垂类短视频内容带来原始的粉丝增长，同一个机构的达人通过直播带货也会形成矩阵，有所交互。

短视频种草做预告，用直播来变现，是快手最为常见的商家玩法。

快手商家号发布会上，两位现场直播的达人

快手也在通过"燎原计划"招募代理商，并给予入驻的广大商家运营指导、流量补贴以及流量奖励等激励补贴政策，为商家不断挖掘、释放商业潜力带来助攻。

3. 蘑菇街直播——双百计划

蘑菇街近期发布了"2019 蘑菇街直播双百计划",帮助新主播 100 天内完成从 0 元到百万元单场销售额的突破,并计划在 2019 年度内成功孵化 100 个销售额破千万的优质主播。

蘑菇街将持续为该计划投入运营、流量、培训、供应链体系支持等系列配套资源,为优质新主播提供培训服务、特别流量支持以及货品匹配。

内容社交平台做电商,电商平台做内容已经成了这几年互联网的趋势。不少从业者们相信,伴随 5G 的到来,直播电商的想象力会更大。坊间流传转转、陌陌等社交 App 也对直播电商这块蛋糕跃跃欲试。

不仅是国内,直播卖货的效果在海外也不可小觑。卡牌游戏制造商"Watch Ya'Mouth"声称直播售卖让其店铺日浏览量提高了五倍。亚马逊在 2019 年 2 月发布了 Amazon Live。

在美国,电视广告频道如 QVC 和 HSN 以其紧跟时代、拥抱改变的能力主导着直播卖货的领域。还有一些直播电商 App 的表现可圈可点,例如 ShopShops 是一个起源于纽约的直播卖货平台,覆盖全世界多个国家。他们有自己的主播团队,主播们会带用户全世界逛店。他们在淘宝直播做了三年,积累了 16 万粉丝,复购率达到了 40%。

在品牌和消费者都更为理性的今天,直播电商给出了品效合一的可能性,从业者都渴望从这个领域得到真金白银,分得一杯羹。一些带货主播们破圈成了网红,一些明星成了直播带货红人,明星和主播角色相互转换,界限模糊。淘宝带货一姐薇娅曾试水过娱乐圈,李佳琦因口红一哥身份而红遍全网;论带货能力,主持人李湘在淘宝上的表现算是明星中的佼佼者,王祖蓝、柳岩也有不错的带货战绩。

想起一个流传在广告营销圈里的梗,最初广告人的职业梦想路径是:从品牌管培生到品牌总监再到中国区总经理。然而十年过去了,实际路径却是这样的:品牌经理转型互联网运营、自媒体人,最后变成了微商。

在短视频直播领域，这个梗可以重新写一遍：

最初一位艺人的职业规划是这样的：短视频艺人—网红—明星—走上人生巅峰，现在的职业路径变成了：短视频艺人—网红—明星—带货主播。

本文来源：微信公众号"短视频参谋"

本文作者：顾顾，"短视频参谋"主理人

二、千亿直播电商风口下，"货的进击"

这一届的"货"和消费者之间的距离很近。

淘宝直播在 2018 财年间带货 1000 亿元，2019 年上半年淘宝直播同比增速超过 140%，直播已经成为电商标配。

直播电商作为电商的新形态，是现阶段转化率最高的形式之一。各大平台都加入抢主播、缔造生态的战场。与此同时，随着经济大环境的变化，线下实体店受到线上电商的冲击，消费者们也变得更为务实，品牌背后的供应链在诸多压力之下向 C 端转型，从幕后走向台前。

"货"在主动升级求变，用新渠道和新内容撬动消费者，或开网店入场做直播，或建中台大量对接网红，或做网红定制款，升级品牌形象。

下面我们以美妆服饰品类为例，从"货"的纬度来进行观察盘点：

- 在直播电商生态中，供货端正在发生什么变化？
- 供货方如何看待主播？
- 货和主播/MCN 是什么样的合作模式？

（一）货＋人（网红/MCN）：孵化主播、合作 MCN、做店铺直播

货的来源不同，有的来自品牌，有的来自供应链。他们的诉求各不相同，除了直播卖货的基本诉求，有的希望快速清库存，有的希望做品宣占领消费者心智。根据基因不同,他们选择了不同的方式达成自身目的,比如孵化主播,与MCN、主播合作,店铺直播。

比如,正善食品有食品供应链的背景,在抖音孵化出了@正善牛肉哥、@带盐人小关等多个网红IP。成功建立人设之后,正善除了卖牛肉又卖起了红酒,以短视频加直播方式带货。其天猫店一度晋级红酒类目Top1。

1. 主播/MCN和供货方的博弈

很多商家宁可售价低于成本价,也要将商品送进头部主播的直播间。这不仅仅能带来快速大量的成交额,还意味着头部主播的"品质认证"及"微代言"。能进入薇娅、李佳琦等大主播直播间的货品,是直播带货中的"硬通货"。有他们背书,再去找其他的小主播就会畅通无阻。

有的品牌找某头部网红以低于成本价带货,加上给主播的佣金+佣金提成,前后算下来亏损十几万元,但借此清空了库存。行业里默认"明星直播背书,网红带货",明星们的直播活动相当于几十家品牌来众筹购买明星的背书,一个单品几分钟的直播视频可以用作淘宝内、朋友圈传播的宣传素材,起到品宣效果,这种微代言对于中小品牌来说比较划算。

某平台主播

戴鱼曾为某家品牌做直播运营，进入直播生态比较早。据他介绍，与主播合作主要有两种方式：

（1）10 万粉丝以下的主播一般采用纯佣合作。连续几个月 ROI 低于预期就停止合作。三年来，合作主播超过了 500 多位，用这种方式已经剔除了一半以上的主播。

（2）机构模式合作。根据 ROI 来谈固定费用。和 MCN 机构谈好固定月服务费＋佣金的合作模式，提前测算 ROI 以及月出单量。如果当月机构没有达到出单量，下个月需要补播，直到完成。

最初他们多用第一种合作模式，但随着主播数量增多，对接人力也越来越吃紧。巅峰时一个人对接 50 个主播，同时竞品也加入直播赛道抢占份额，于是他们往第二种模式发展。这种以机构为单位的合作模式，更为简单直接，也为品牌拉拢了一批中小主播，增大市场占有份额。

主播们会选择有爆款品相的货品合作，比如性价比高、网上口碑评价好、目标人群一致，有天猫店或淘宝皇冠店（店铺评分高于平均分），类似品类近期没有播过的货品。

薇娅背后的谦寻机构有着两百人的招商团队，货品涉及食品、美妆、服装、视频、电子产品等类目。团队掌握了每件货品最好的生产厂商、原料基地和生产底价，有严格的选品机制，这样才能持续维持口碑。每天都会有上千个商家主动找到薇娅的招商团队，最终只会有几十个到达薇娅的直播间。审核过程包括商品的质量、历史低价、全网比价等信息。商家在寄样品后，还会经过试吃试用试穿的环节考验，最后由薇娅本人决定要不要用。

如涵文化电商负责人陈亮有十年供应链管理经验，对于服装，他的选品标准是：

（1）好看的。淘宝只能告诉你在这个阶段，什么品味受欢迎，什么东西搜索指数最高，但到底哪种颜色、哪种版型、哪件衣服会成为爆品还是很难衡量的。

（2）性价比高，定价符合群体消费习惯。

（3）功能性升级，要满足需求、版型合适、面料舒适，比如单面呢的衣服升级为双面呢，含羊毛羊绒，羽绒服也要看充绒量。

（4）看口碑，品牌过往的售后评价口碑。

薇娅直播

在品牌看来，好的主播并不仅仅要了解粉丝，有特点，善于控场，还要有对货的专业化理解力。主播需要在几分钟的时间内言简意赅地介绍出产品的细节、特点、利益点，非常见功底。专业的主播几句话就会让人感受到商品的优点，让用户产生信任感，认为主播使用过这款商品。有的主播没做好功课乱评价，反倒会对品牌造成伤害。

这是双向选择博弈的过程，选择对了合作伙伴，可以相互增益共同成长。

如懿直播运营总监郑跃总结了直播间提高货品销售成交率的四大步骤：

（1）选品。根据主播垂直类目或人设定位挑选商品，商家也需要根据主播的粉丝画像来选用适合的主播。在直播间内，商品细节、卖点、利益点必须非常清晰地体现出来。

（2）主播。主播除了颜值高、形象好、有特点之外，最重要的其实是销售能力，这点是决定成交的重点。

（3）权益。直播间货品的优惠力度、权益福利，还可以设计互动，刺激成交。

（4）营销。比如可以用饥饿营销、限时秒杀、限时改库存等手段，需要商家运营和主播前后端配合完成。

品牌主不能只看粉丝量和别人家的带货神话，而是要根据需求找适合自己的主播。明确哪些投放是为了做品牌，哪些投放是为了稳定的 ROI，哪些投放是亏本清库存。

2. 店铺直播

不少品牌为了掌握流量的主动权，开始尝试自己做店播，这里的主播就是晋级版的店铺运营，线上的销售。

杭州一位从事多年服装供应链生意的老板，有自己的工厂和多家线下实体店。2019 年 7 月，他在九堡开设了五百平方米左右的直播店铺，有不少于五个直播间。除了找直播网红带货，他开始孵化自己的店铺主播，做直播短视频带货。

"直播网红播一天就赚一天的钱，做短视频不用直播也能卖货，我们生意人这样做踏实一些。"这位供应链的老板希望培养出自己标签化的销售人员，就不用跟着其他主播节奏走。不管是开网店，与 MCN 机构合作，还是自孵化带货网红，他的心态很开放。

下面总结一下品牌进行店铺直播的经验：

（1）为直播提前准备高性价比的货品，以"限时优惠"增强粉丝黏性。

（2）直播时常会搭配别家产品互相推，增加直播 SKU 的丰富度。

（3）提前在各平台做预热，平台各推荐位都预留直播入口。

（4）直播前用短视频做种草，并进行几天的预热直播。

（5）直播时间较长。有些品牌能接连直播十几个小时，每个小时主播轮班一次，让主播保持最佳状态。

（6）直播频次比较规律，每周固定时间播不同主题，每天不同时段播不同产品，符合粉丝生活场景，让粉丝养成习惯。

（7）调动店铺的忠实粉丝进行直播互动。

某带货主播

还有一些比较讨巧的操作：投放大主播的同时开通店播，在大主播下播时从直播间导流，用限时、限量、限价逼单。某品牌曾用这种方式促成了六十多万元的转化。

（二）货+场——入场直播基地、自建中台

不同于传统电商，新一代社交电商先养成自己的忠粉，再为这些忠粉去寻找多种多样的货品，来满足粉丝的生活需求。大网红们不再限于某一领域，对于货品的深度和广度要求都比传统电商的要求要高。

薇娅一场五个小时的直播，SKU 在 50 个左右，服装自然是第一大品类，其中家居产品、定制产品也比较常见；

李佳琦直播中也不仅仅售卖彩妆，每次直播不少于 20 个 SKU。不仅会覆盖一些国内外护肤美妆品牌，甚至还会出现大闸蟹、牛奶饮料、古法红糖、农家土特产等；

李湘六个小时的直播 SKU 也在 30~50 个不等，包括护肤彩妆、养生养颜补品、保健品、家居用品、金银珠宝等，从几十元到上万元分门别类的单品。

直播形态对直播生态链上的每一环——网红、供应链、中台都颇具挑战，也带来了新的机会。

某些供应链以入驻直播基地的方式，切入到直播领域，通过入驻当地直播基地或为直播基地供货的方式达成业务转型。直播基地是直播电商的中台，相当于供应链的"MCN"，链接供应链、平台以及网红资源，以达到人、货、场的匹配。有的供应链做得更为彻底，通过整合多边资源，成为平台服务商，自建中台。

"直播基地就是把所有的货集中到一个地方去，主播可以到这个地方来播，这个情况下主播的利用率是最高的。"淘宝直播负责人赵圆圆这样诠释。

杭州九堡是杭州本地主播和 MCN 机构最集中的地方。环绕九堡方圆一公里，至少有上万位网红工作居住在此。玖宝精品服装城位于九堡，一共五层楼，其中以三层为主，已经有 100 多个直播间和多家供应链工厂入驻。从 2018 年年底玖宝成为授权产业带基地以来，两个月内已有近千位主播前往现场进行直播。

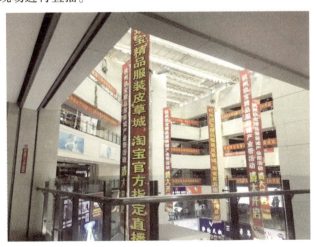

玖宝精品服装城

1. 入场直播基地的门槛

进驻直播基地入门成本并不低,玖宝精品服装城的直播负责人应华明介绍,除了满足市场基本要求,还要具备开发、发货、客服能力。打造一个直播间的成本包括:

(1) **人**:直播人员月成本5万元左右,一般由两三个人组成,包括场控、运营等。后期的发货和客服人员根据体量来配置。

(2) **场地装修**:按照100平方米的面积来算,大约需要15万元装修成本,为货品匹配相应的场景和灯光设备。玖宝是按照线下专卖店类型装修,成本相对于普通的直播间价格会高一些。

一年算下来,100平方米左右的直播间一年的人工费和早期装修投入需要大几十万元。

直播利润较线下利润会薄一些。传统线下环节包括:设计、开发、生产、销售人员、代理。100元成本的衣服吊牌价格是500元,如果走直播环节,100元出厂价×1.5左右的系数,扣除掉主播20%的佣金,如果人工、场地和退货成本都不计的话,利润率大概在20%~30%。

玖宝在测试"拼场模式",一个主播长期和三到五家供应链进行深度合作,另外专门开辟了五楼筹划出拼场直播间。直播间的多SKU,也提升了货的利用率。

然而大部分直播基地的主播资源供需不平衡。直播基地也没赚到钱,还处于投入阶段。2019年6月,淘宝公布超过30家直播基地因月交易额不超过300万元而被要求清退。直播基地规模越做越大,但最后大多数直播间却都空着。

直播基地的供应链商家们陆续开通店播,以提升人员效率和场地使用率,拓展更多流量来源。

2. 自建直播行业中台

快手也在进行直播产业带的布局,分别落地了首个珠宝翡翠直播基地和首个电商服饰产业带。

惟业科技就是快手首个电商服饰产业带的运营商，其 CEO 何玉龙在国内有多家自有工厂并整合了一批国内外的供应链资源，主要盈利方式在于卖货。

惟业科技在 2018 年 4 月成为快手的服务商，于 2019 年上半年在临沂建立快手自播小镇，成为快手生态中首个电商服饰产业带。一期投入 4700 万元为临沂服饰产业带进行基础设施建设，一期基地为 6 万平米的直播小镇，包括多栋写字楼和仓库。除了免费提供企业独立办公场地和对快手直播相关专业进行培训指导外，小镇还配有物业服务、网络服务、会议培训、产品展示、物流仓储配送等服务中心。一期产业带商户将包括@小佛爷、@陶子家、@超级丹、@购物狂等快手商家号主播。惟业还将与卓芬、雷琪、霸王等日化品牌合作打造超级工厂。

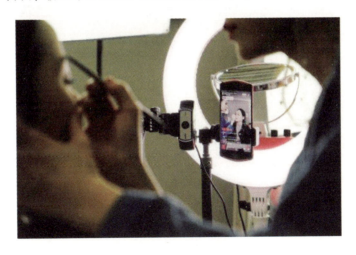

在惟业科技 CEO 何玉龙看来，直播基地要配套软硬件设施，要有一些政策利好，才足以构成吸引力，对产业形成实际帮扶效果。"核心问题在于解决流转资金和供应链上下游的闭环互通问题。只有产业源头互通才能真正形成产业带，比如将郑州的鞋，广州的毛衣和其他地方的产品汇集起来，具有开放性和强整合能力，让厂家竞争，做产品定制，对行业赋能。"

无论是直播小镇，还是快手服务商都是何玉龙布局中的一环。链接并充分激发成百上千位头部和腰部网红资源的带货潜力，将下沉市场的长尾购买者们转化为分销商，来消化供应链的产品。这是他认为非常具有想象空间且可行的事情。

MCN 机构壹只鱼的 CEO 阮元也在做类似的事情，他曾参与过多位快手网红的运营变现，目前在整合多渠道带货网红资源，招募抖音、快手、火山任一平台超过 5000 粉丝的个人创作者，给予高佣金以及内容指导、流量扶持等。

壹只鱼的投资方是有供应链背景的德沃美学。德沃美学以医美产品、美妆护肤品为主要产品线，之前主要销售渠道是微商、传统电商，以及线下渠道，现在将网红带货作为重要的增长点。

"相比微商供应链，网红供应链会对选品更为考究，考虑的点会更全面，包括从网红人设、粉丝属性、消费力、客单价等各方面出发考虑，对产品和库存都需要有一个长期的规划，有时候甚至还要专门为相关网红去开发某些符合属性的产品。此外，直播供应链更注重时效性，短时间高爆发的情况对库存发货及客服方面的压力会更大，需要更精准地进行选品及更强大的仓储整合能力。"德沃美学 CEO 李怡雯这样谈及直播生态对于供应链的倒逼。

（三）下一步，货的趋势——货+货/货+IP 货的定制组合

薇娅除了售卖品牌商品，还会推出薇娅的定制版商品，从配饰到衣物都有涉及。快手的服务商惟业科技也将为快手网红制作定制款列入计划。对于有品牌的货品而言，价格折扣相对清晰；对于没有品牌的货品，货品只是品类而已，利润更加透明化。无论品牌加持，还是主播 IP 加持，都可以为货品增加溢价空间。

第三章 电商带货：4C 硬核方法论

薇娅直播间的定制商品

有些品牌开始为直播专门定制产品礼盒。某国产美妆口红在 2019 年 618 期间推出了套装，累计起来价值 900 多元的礼盒套装，在直播期间几乎打了 3 折。

在消费者和货之间，看上去只隔了一位网红，实际上这背后有庞大的中台支撑，比如直播基地、线上选品对接平台、平台的生态建设等。

平台为了促成网红和供应链的对接，为整个直播生态做了诸多布局。淘宝联盟推出了轻店铺，降低了开店门槛，还在全国授权了上百家直播基地；快手推出了燎原计划，让服务商帮助主播卖货，力推包括卡美啦、网红猫、遥望、魔筷等在内的多家电商服务商；蘑菇街举办了 2019 秋冬订货会，把 200 多家服饰、美妆类产品供应商，400 多名电商主播、MCN 机构代表聚集在线下。

平台们在致力于缩短网红和货的距离，降低主播选品的试错成本，提升平台货品的质量、性价比以及消费者的购买体验。

在直播风口下，"货"面临的挑战包括：

1. 信息交流与资源整合

这是个共生协作的时代。主播们对于货品深度和广度的需求就像供货方对主播们的需求一样强烈。信息交流和资源整合非常重要。在这一过程中，供货方之间的交流、协作，可以降低踩坑概率，交换经验。白墙直播基地成立品牌直播联盟，带动大量品牌线下店铺进入淘宝直播。惟业科技也通过整合网红、平台、MCN、供应链等资源，进行线上线下的生态建设。

2. 原创力

在货供过于求的今天，高效率组货能力、原创配方/设计能力、品牌的塑造能力、制造内容的能力、整合渠道资源的能力都是壁垒。原创能力增加了供应链的不可替代性，如此一来，一些缺乏原创的供应链将被淘汰。

3. 品牌能力

在一个新型的商业渠道，会成长出新的品牌。如果只有品类无品牌，在高饱和竞争的战场，厮杀激烈，利润微薄。对于货来说，做网红定制款和做品牌，都是增加溢价的方式。

4. 制造网红产品能力

直播和短视频是卖货的两种形式。用短视频做种草，直播做即时转化，短视频做长尾转化。

珀莱雅海盐泡泡面膜在 2019 年 7 月月销百万件，这款面膜具有很强的传播属性，适合用视频方式展示功效，产品具有差异化，便于吸引更多的消费者。

如果产品设计师们将传播思维植入产品策划中，根据直播和短视频中的特点反推制造网红产品，打出差异化，找到合理的货品定价区间，可大大增加产品的网红爆款概率。

直播电商改变了货与消费者之间的连接方式和连接体验，所见即所得和双向互动的场景降低了供货方的参与门槛，提升了消费者的参与感。

在直播电商生态下，"人、货、场"平台生态的多重组合方式，会激发出更多元化的玩法，值得我们去探索。

本文来源：微信公众号"短视频参谋"

本文作者：顾顾，"短视频参谋"主理人

作者微信：gugu10101

第四章
品效合一：品牌营销终极目的

第一节 三大案例解析

在短视频井喷之年（2018年），抖音快速成为短视频平台的王者，在制霸内容平台的同时，以其最多活跃KOL、最短营销转化链路、最优质用户画像，成为短视频营销的主要阵地。在短视频营销的黄金时代，持续获取流量并促进销售转化成为品牌的目标。如何实现粉丝经济效益最大化？抖音正通过全新精准的营销模式，强化品牌与粉丝之间的互动链接，借助短视频平台上每个KOL背后聚合的高消费力和高忠诚度的庞大粉丝群体，通过互动和分享的形式，多维度、立体化地吸引更多精准用户聚集到一起，形成肥尾效应，实现更广泛的信息传播。

海底捞新吃法、土耳其冰激凌、西安摔碗酒等爆红线上视频的出现，为线下带来了超大的客流量。面对持续增值的抖音，成千上万的品牌都渴望搭上这辆"流量快车"，为自家品牌营销添砖加瓦。

对于品牌主而言，品效合一是最终目的。抖音如何将自身打造成现象级短视频爆款的"高发地"，实现品牌营销价值的最大化？我们将从以下几个案例入手进行分析。

一、小米手机：#百万寻找战斗天使

2019年2月20日，小米9震撼发布，内部代号"战斗天使"。2月22日，伴随着真人科幻动作片《阿丽塔：战斗天使》电影的热映，小米9

的新生代言人王源和小米 CEO 雷军在抖音上发起了一场别出心裁的"百万寻找战斗天使"挑战赛，悬赏一百万元寻找"好看又能打"的战斗天使。在有效活动时间内，只需添加话题#百万寻找战斗天使，上传自己的创意视频，或与雷军/王源的视频进行合拍，就有机会瓜分百万奖金。

品牌创始人雷军和明星代言人王源为品牌量身定制视频内容，众多抖音头部优质达人的参与示范助力品牌实现了精准、高效的投放，成功强化了粉丝效应，引爆了话题声量。加之百万奖金的悬赏吸引，众多用户纷纷参与互动，上传视频，秀出自己的才艺与绝活。活动总播放量高达 22.4 亿次，实现了品牌的强曝光，高互动。

（一）强势资源，花样出击

依靠小米 9 "战斗天使"的新品上市 + 电影《阿丽塔：战斗天使》的热映，小米官方发起的"百万寻找战斗天使"这一超级话题在抖音全方位打响。大流量精准匹配到各垂类的目标用户，进行精准分发。明星根据品牌诉求，定制产出视频内容，进行原生态内容创作，充分发挥明星效应，吸引粉丝参与互动。

为丰富挑战赛玩法引导互动，王源和雷军一起拍摄了"#百万寻找战斗天使"合拍素材内容，两人面对镜头以面试官身份进行场景模拟对话，"现场"考核参与该挑战赛视频拍摄的用户，是否满足好看又能打的硬性条件。视频中，雷军先对王源发出提问"你看这个人怎么样？"，王源回应"哇，长得这么好看，还给我们点赞了"，随后雷军做出请的手势，让参与挑战的用户开始自己的才艺表演，增强品牌与用户的互动。

随着挑战赛的深入，部分用户在合拍的基础上，又开创出了剪辑的玩法——将王源独自拍摄的"#百万寻找战斗天使"视频素材，与自己的才艺展示视频相结合，让自己隔空与"面试官"王源对话，增加了挑战赛的趣味性。

此次挑战赛，小米手机除了邀请颜值类、剧情搞笑类达人之外，还邀请了众多不同垂类的达人，例如美妆类、运动健身类、特效技术流类等，丰富了挑战赛的 KOL 类型，促使玩法不断升级。趣味的话题和多元的玩法，为粉丝提供和示范了更多参与方式，最大程度地增加了挑战赛的可看性和参与性。

（二）官方挑战赛＋达人合作，提升品牌渗透力

挑战赛由小米手机官抖发起，主题紧密贴合产品"好看又能打"的卖点，围绕"战斗天使"进行内容创作，精选优质达人参与话题。KOL 根据产品属性和粉丝的用户属性，输出符合自身调性的独特创意内容，花样诠释自己的才艺和"绝活儿"，让用户产生深刻的记忆点，加深产品影响，形成自传播。

@林航航

你们在哪里？再忙也别忘记运动，行动起来吧，你就是战斗天使！#百万寻找战斗天使…

 保存图片到相册 → 打开抖音立即看到

比如，令人印象深刻的一个视频中，@李雪琴将王源拍摄的"#百万寻找战斗天使"视频素材与自己"模仿鲸鱼"的才艺表演相结合。视频中，李雪琴深谙"抖音上永远猜不到故事结局"的套路，首先夸下海口说自己能模仿鲸鱼，让用户心中充满疑问，随后找来杯子喝了一大口水就立刻口鼻朝天向上喷水，出人意料的举动戳中无数用户的笑点。

@李雪琴

雷总、王源，你看我行吗？奖金在哪领？#百万寻找战斗天使

  保存图片到相册 → 打开抖音立即看到

@锅盖wer与@李雪琴使用了相同的套路,她表示自己要现场唱一曲女高音《起风了》,结果等到真正表演的时候,只是对着镜头轻轻吹了一口气,"吹气=起风了"这波让人猝不及防的操作,让关注她的粉丝直呼"路子真野"。

此次挑战赛中,小米手机采用分段投放KOL的策略,达人创意视频陆续上线,使用户可以长时间、多频次地刷出相应内容,保持"百万寻找战斗天使"的话题热度,吸引用户持续关注。

KOL的内容高效匹配算法机制,激活内容价值。多个垂类达人的造势,让内容海量传播,小米9"好看又能打"的宣传语快速得到扩散,在全国范围内进行品牌曝光,为品牌提高了声量,深化了影响力。

第四章　品效合一：品牌营销终极目的

（三）花式合拍玩法，流量+口碑双升

"百万寻找战斗天使"挑战赛以花样创意合拍作为此次挑战赛的主要视频形式，达人通过各种视频创意进行合拍，对品牌诉求进行合理的解释与演绎。内容或养眼，或幽默，或令人大开眼界。

在本次挑战赛中，抖音标志性玩法之一的"合拍"大放异彩。它不仅仅满足了抖友们和自己喜欢的明星和KOL同框的愿望，还在最大程度上降低了用户的参与门槛。只要有想法、有才艺，便能即刻参与，有机会瓜分百万奖金。利益和精彩的创意不断刺激和吸引着更多用户的参与。

当红代言人王源+品牌CEO雷军的号召，多个抖音达人的内容引领，"门槛低，互动强"的合拍形式，无数UGC的跟风互动创作不断为话题提高声量，无形中品牌形象得到自然的渗透。

二、某牙膏品牌：#抖出你的净白范儿

"抖范儿的音乐配上抖范儿的步伐，不能忍受无趣的你，快来比比谁能创作出最具抖范儿的刷牙过程。记得露出你的招牌笑容，抖出你的净白范儿……"

由某牙膏品牌官方抖音账号发起的超级话题#抖出你的净白范儿，在电动牙刷新品预售期间一炮打响，让品牌内容成为超级热门话题。话题上线两周内，共有14位达人参与话题，共计实现1.4亿次品牌曝光。粉丝量共计4300w+，总点赞118w+。

（一）强曝光：头部达人引爆话题，迅速打响品牌知名度

本轮传播精选优质达人账号，产出优质精品内容。定制化的内容呈现建立了用户对电动牙刷的品牌感知，营造了品牌代入感，确保品牌快速精准地实现曝光、种草。

此次话题挑战赛，品牌官方选用了@张禾禾同学、@食堂夜话、@呗呗兔、@花花与三猫等在平台有影响力的不同垂类KOL进行声量打造。一方面，这些头部KOL在粉丝带动方面有着自己独特的优势。作为坐拥百万、千万量级粉丝的大号，由他们进行助力传播，能够有效与粉丝用户进行互动，提升话题在平台的热度。另一方面，在内容创意上，根据KOL自身的风格调性，围绕电动牙刷的"净白，舒适"两个产品核心功能点，限定内容情景，高频重复产品卖点，使内容持续发酵，品牌得到强曝光，充分引爆了话题。

@张禾禾同学将普通人的一天与歌手的一天进行对比，引起用户的观看兴趣，产品在内容对比中无形露出。视频中，使用了牙膏＋电动牙刷后的张禾禾活力满满，洗漱完毕放声歌唱，令人心情大好；

@食堂夜话继续了自己的温情叙事风格，将牙膏的产品和理念融入剧情中，使用户能够轻松接受视频中的产品，实现自然、有效种草；

@呗呗兔则成为此次投放中的带货先锋。首先，其账号本身的带货性质就意味着自带一批有购买力的粉丝，其次@呗呗兔标志性的碎碎念种草效果出色，内容创意与达人风格调性匹配，容易激发用户的购买行为。

（二）塑口碑：深度互动，实现"种草"价值

数据显示，自达人视频陆续上线以来，该牙膏品牌传播指数呈稳定上升趋势。

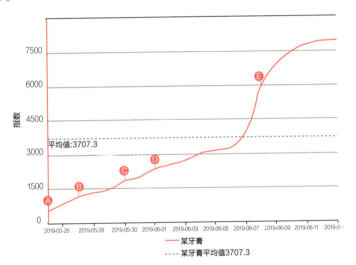

在评论区，用户对品牌认可度高，与品牌话题互动呈现积极正面的情绪。比如："一直想要个电动牙刷，牙刷看起来不错呢。"也有不少用户产生了购买欲望，评论中称："这是什么操作，看得我都想美白牙齿了。"

（三）强转化："种草"到"拔草"的闭环之路

在此次话题挑战赛中，品牌方充分利用 KOL + 大众粉丝的引爆模式，不仅让品牌内容成为超级热门话题，更结合促销手段，打响了 618 电商大战，助力电商转化。

本轮传播成功秘籍之一是结合用户粉丝画像，精准匹配达人。以品牌

方选中的@李予诺为例：

粉丝量：420w

点赞量：5393.6w

账号人设分析：

1. 抖音音乐人，以分享高颜值情侣日常为人熟知，具有一定带货能力。内容涵盖 Vlog、音乐、舞蹈等领域。

2. 以"狗粮满满"的情侣日常在抖音爆火，甜宠、配音、高颜值等标签为达人积累一批忠实粉丝，粉丝购买力较强。

粉丝画像分析：

1. 粉丝主要是分布于 18—25 岁的女性，以感性消费为主。

2. 重度活跃粉丝比重大，触达人群速度快。

3. iPhone 用户占比 18%，具有一定购买力，但低价商品更容易被带动。

带货结果分析：

1. 两天内，磁贴点击量 5w＋，进店人数 3w＋，流失率低。

2. 两天内，500＋人次下单。

3. 内容扎根日常，被评论区称为"最甜广告"，转化率高。

4. 两天内,为电商转化 15 万元,ROI 指数:1.38 + 。

某牙膏全网销量趋势图

在粉丝经济时代,达人对粉丝的消费有着超强的引导作用。该牙膏前期主打品牌声量,内容海量传播,快速建立品牌认知。后期配合品牌传播规划,结合促销手段,进行线上产品推广,成功实现了从"种草"到"拔草"的闭环收割。

短视频带货时代已经将传统的交易模式进行了重塑,在"流量空跑"的反思之下,短视频下半场将是优质商业化视频内容的天下。

三、屈臣氏:#2019 做自己美有道理

2019 年春节期间,屈臣氏发起"2019 做自己美有道理"抖音挑战赛,使用专属音乐和"态度宣言"贴纸,秀出 2019 全新的自己。参与话题挑战赛,可获取兑换攻略,更有屈臣氏无门槛优惠券和一年份锦鲤大礼包。

屈臣氏充分引爆品牌话题#2019 做自己美有道理,利用门店 POI 认领搭配神秘魔盒兑换码的形式,将线上流量引导到线下门店。线上线下形成完整闭环,完成商业场景的流量逆袭。#2019 做自己美有道理话题挑战赛上线一天内,视频播放量破 5 亿,最终话题页播放量累计 31.1 亿次。

(一) KOL + 大众粉丝,引爆话题声量

屈臣氏线上发起抖音挑战赛,结合品牌自身"年轻化"的特点,利

用抖音超级话题这一时下最潮流、最热门的形式，由@毛毛姐、@屈臣氏中国等头部账号和官方账号同时造势，多 IP 联动覆盖更多用户人群，通过别出心裁的"态度宣言"贴纸、品牌专属 BGM 进行魔性传播，让更多年轻人参与其中，响应品牌理念。

KOL 短视频由抖音头部达人@多余和毛毛姐本色出演，一人分饰妈妈和女儿两个角色，将剧情场景设定为重要聚会前的梳妆打扮时刻。视频中女儿在妈妈的建议下，先给自己随手画了一个桃花妆，结果因为妆容又假又夸张，打算洗掉重画。此时，重新开始化妆的女儿手中多出了一个"屈家惊喜魔盒"。在毛毛姐的感慨中观众得以获知，原来这个好玩又好用的魔盒其实是一个粉饼。最后，使用了"屈家惊喜魔盒"化妆的毛毛姐气场全开，瞬间美翻全场，连妈妈都被她的美惊艳到晕厥。

第四章　品效合一：品牌营销终极目的

@屈臣氏中国

我的妆，从来不装！快来参加屈臣氏挑战赛！锦鲤和免费魔盒等着你#2019做自己美有道理

 保存图片到相册 → 打开抖音立即看

　　在贴纸的创意上，屈臣氏"态度宣言"贴纸深谙抖音年轻用户追求好玩、酷炫的心理，通过抖音独特的 AI 功能，给贴纸设置滚动词条——词条包含"SLAY 全场""发量惊人""美到犯规"等赞美女性用户的夸赞语，每当用户对着镜头张开手心，滚动词条就会随机停留在以上任意夸赞中，与挑战赛本身的口号"做自己美有道理"充分结合，引爆用户参与热情。

@屈臣氏中国

#2019做自己美有道理　挑战赛福利多多！攻略全在这里啦！

 保存图片到相册 → 打开抖音立即看到

(二) POI 门店认领 + 神秘魔盒兑换，为品牌造势

屈臣氏发起的本次挑战赛在内容设置方面深入洞察用户心理，紧紧抓住用户的好奇心，设置神秘魔盒的概念。要想得到魔盒，就必须要有兑换码。兑换码如何获得？那就是参与挑战赛。"惊喜魔盒，先抖先得"，在好奇心的驱使下，用户不得不"抖"。加之"一年份锦鲤礼包"等众多利益吸引点，用户主动参与互动的热情高涨。如此一来，抖音话题不仅融入了品牌特色，更添加了一份神秘色彩。情景内容限定，"神秘魔盒"高频次出现，用户形成自传播。

用户参与度有了，如何实现往线下门店引流呢？屈臣氏巧妙运用了抖音的 POI 功能。用户只有发布了带有屈臣氏门店位置的挑战赛视频，才可进入门店抖音 POI 主页领取魔盒兑换码。随后便可前往定位的线下门店进行兑换。

(三) 线上 + 线下闭环转化

@屈臣氏中国将这种线上线下结合玩法的步骤，通过视频短剧拍摄出来供用户参考。视频中，一位小姐姐因为男友玩游戏不理她而不快，路人前来安慰，一步步演示线下魔盒的获取方式，同时展示魔盒

中有哪些丰富的礼物。最后，视频拍摄者借助中文谐音，将"情侣间需要磨合"与"情侣间需要魔盒"进行绑定，巧妙吸引年轻用户参与活动。

@屈臣氏中国

#2019做自己美有道理 想领免费魔盒？赶紧点击参加屈臣氏挑战赛吧

线上话题参与度提高，线下门店客流量加大，本轮传播不仅助力线上挑战赛的内容沉淀，形成定点引爆，更实现了品效合一。此次挑战赛吸引了数万名用户在抖音领取"魔盒"兑换码，其中超过90%的用户走进了线下门店。

第二节　品效合一组合

在信息爆炸的今天，只靠一个账号、一个达人、一种产品，难以达成有效的品牌传播，转化的概率更是微乎其微。只有矩阵式、组合式"出牌"，才能在传播战中争得自己的一席之地。在抖音生态中，要想达到品效合一就要善于组合运用各类流量工具。在抖音实现品效合一到底有哪些工具组合，它们又适用于哪些情况？

一、信息流+购物车：定向投放+购买方式

购物车作为转化的辅助工具，在上一章已经讲过，这里不再赘述。这里的信息流指的是信息流广告，即穿插在社交媒体用户好友动态或者资讯媒体和视听媒体内容流中的广告，在2006年由Facebook首先推出。这种穿插在内容流中的广告，对用户来说体验相对较好，对广告主来说可以利用用户的标签进行精准投放。因此信息流广告在移动互联网时代迎来了爆炸式增长，几乎所有的互联网媒体都推出了信息流广告平台，抖音也不例外。

信息流广告示例

信息流广告的流量庞大，它的算法非常先进，可以定向投放给广告主想要触达的人群，并且信息流混在内容流中，不易引起用户的反感。它将平台用户按照自然属性、地理属性、人群属性等做到精细划分，精准投放是它最大的优势之一。

如果你仅仅利用了信息流广告将产品种草给了正确的人，却没有给他购买链路，就相当于没有去割草。信息流广告搭配购物车，能为用户提供最大的购买便利，一般10秒左右就可完成购买。短视频的最大优势就是"效果可视化"，一旦产品卖点通过"看得见的""场景还原"式的方式展现，非常容易吸引用户。"信息流组合+购物车"就是将好的内容，推送给对的人，并提供最便捷的转化路径。

某品牌在618大促期间，将明星代言人为新品制作的广告视频投放信息流。这条视频的实际曝光量达到了411万多，CPM（千人成本）为72元左右，并且这些人都带有"美妆个护""代言人铁粉"等人群标签，也就是说有400多万人知道了品牌由当红明星代言，并且推出了一款电动牙刷。其中有32712人点击了购物车，说明这些人对产品感兴趣。这些人就是这款产品的潜在客户，他们进店后产生购买的可能性很大。与比较昂贵的传统渠道相比，信息流广告的性价比显而易见。

二、达人视频+信息流+购物车：粉丝基数+定向投放+购买方式

信息流的广告标识会让用户很清楚地知道自己是在看广告，用户有可能直接跳过。抖音为了增强信息流广告的作用，将广告标识的出现推迟了3秒。信息流广告的素材可以是为产品制作的，也可以是达人植入产品的原生视频。后者因为内容基于抖音原生，更加软性，会得到更好的传播效果。

另外将达人的视频投放信息流，相当于将原本手中的达人视频素材进行了二次利用。达人视频首发时，视频会有限推送给达人的粉丝，这就让

视频有了一定的观看基数。根据抖音平台流量池分发的机制，视频可以获得被更多人观看的概率。另外，再将达人原生视频投放信息流，就将达人的视频定向推送给了产品的目标受众，同样利用购物车形成转化闭环，可谓一举三得。

@花花与三猫

小猫咪也要和我一样有净白健康的牙齿哦~前方高萌#抖音出你的净白范儿

 保存图片到相册 → 打开抖音立即看到

三、达人视频+转化组件+DOU+：粉丝基数+购买方式+覆盖人群

DOU+是一种付费工具，可以将制作的视频推送给更多用户，提高视频的播放量。一般视频使用DOU+之后需要进行审核，审核通过后则推荐不超过48小时，如果审核失败则退回费用。

抖音DOU+功能的使用方法：进入抖音App，找到想要使用DOU+工具的视频，点击视频右下方的"…"图标，点击DOU+，就会进入支付页面。不同金额，预计的播放次数不同。播放量是预计的而不是固定的，衡量播放量高低的指标与投放的精准度有关。

第四章 品效合一：品牌营销终极目的

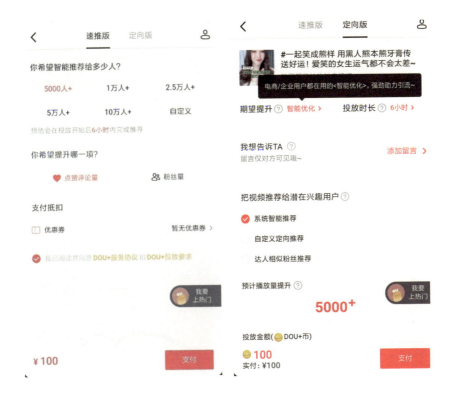

系统智能投放是由系统自定义推荐给可能感兴趣的用户。自定义投放是以品牌主的标准选择投放用户，包括用户年龄、性别以及所在地域等。品牌方在选择为达人充 DOU + 时应选择与产品关联度高的人群，以更好实现品效合一。

什么样的视频适合通过 DOU + 组合的方式来助推？

（1）内容有趣，符合抖音受众的喜好。

（2）产品植入与达人内容巧妙结合，软性植入不引起受众反感。

（3）内容引起受众共情，有效促进产品转化。

例如，佳洁士的热感牙膏投放达人@叶公子，视频发布后品牌方应该为达人做了流量助推，收获了 200 万点赞，并且卖出了总价值百万级的产品。仔细分析这支视频，就会印证以上几个要点。

1. 根据商品属性精准匹配带货达人。@叶公子属于美妆垂类带货达人，有定向的粉丝受众群体。

2. 脚本内容创作直击用户爽点，使用户产生强烈的情感波动，自控力下降，刺激用户的购买欲望。

3. 视频内容清晰输出商品卖点，"热感""美白"产品属性信息明确，尤其"热感"属性让用户产生新奇感，从而激发用户的购买需求。

4. 加挂购物车引流，给用户的冲动购物提供最便捷的"剁手"方式。

@晶哥超甜

#一起笑成熊样 熊本熊粉看过来！

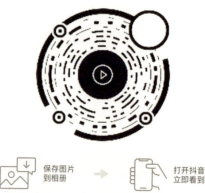

四、超级话题（挑战赛）+热搜+外跳电商：强势流量+强势入口+转化

超级话题和挑战赛就像是一个大型流量池，像是一场达人为品牌举行的狂欢派对，一方面形成了品牌宣传的阵地，一方面达人聚合在一起吸引到更大的自发跟风流量。

第四章 品效合一：品牌营销终极目的

在这样的流量基础上，热搜更是将这场狂欢推向了高潮。以前人们想了解新闻会去看报纸、广播、电视，今天想了解时下最火的事件，打开几大平台的热搜榜单应该是最快速、最便捷的方式。抖音中的热搜第八位、第十位、第十一位可做商业化，一旦登上热搜榜，就是面向全平台展示，是比达人聚集更大的流量入口。流量由此进入聚合页，也增加了给每位达人增加流量的可能。

如此巨大的流量，怎样才能不浪费地实现转化？答案就是通过转化组件，实现向电商平台引流。

第三节　如何最大化实现明星号品效合一

如今，90后、00后成为明星粉丝的中坚力量，他们贡献的流量和购买力成为品牌主营销的"兵家必争之地"。其中，娱乐消费领域尤为明显。

在抖音，前有入驻即获众多粉丝关注的迪丽热巴、罗志祥、陈赫等明星，后有随影视剧走红，短时间内粉丝量超速增长的邓伦、李现、朱赞锦等明星。可以说，明星粉丝群体的迅速扩张，既是明星自身影响力的证明，也是明星粉丝经济加速崛起的直观体现。

品牌想通过与明星合作达到品效合一的目的，首先需要吃透"明星粉丝经济"。

"粉丝经济"是口碑营销的一种模式，这种经营性的创收行为建立在粉丝和被关注者的关系之上，被关注者多为明星、偶像、行业名人等。"明星粉丝经济"即粉丝因支持明星，购买明星音乐专辑、明星代言的商品、印有明星头像的物品、模仿明星吃穿住行等产生的消费。

明星在抖音上通过发布自己个人的生活视频拉近与粉丝的距离，这些视频内容也帮助一些淡出荧屏的明星重回粉丝视线。有粉丝关注就有流量，有流量就意味着拥有商业化的机会。在抖音，明星距离受众更近的同时，距离品牌也越来越近。如今，以抖音平台为枢纽，品牌与明星之间有更多的合作可能，有助于借力明星流量实现品效合一。

一、明星抖音号的优势

（一）粉丝量级优势

2019年7月，《亲爱的，热爱的》电视剧播出即带火了剧中饰演"韩商言"一角的李现。在全网"现女友"的关注下,李现开通抖音号事件,霸屏了当天的抖音热搜榜。其发布的第一条视频迅速突破1800万点赞,粉丝数也在一周的时间里迅速达到1000余万。明星自带的关注光环,使其在抖音平台上拥有先天优势,更容易制造爆款视频和热点话题。

李现入驻抖音几天后,又一轮抖音热搜刷屏——一位昵称为@大宋斯密达的女网友,吐槽李现入驻抖音后发布的视频数量太少、不够看,自己作为"嗷嗷待哺"的粉丝,特别希望能看到更多自家"爱豆"发布的日常视频,同时她还提到:"即使是营销视频也会照单全收。"从这位网友的视频评论区可以看到,@大宋斯密达的催更视频得到了"现女友"们的一致赞同,大家纷纷表示:"你说出了我的心声!"

(二) 信用背书优势

明星为品牌带货拥有信用背书优势,品牌选择与明星合作展开营销,不仅可以利用明星影响力,转化明星的粉丝,还可以将明星形象与产品形象关联,实现为品牌背书。

以近年来被称为"带货女王"的杨幂为例:网络上,有关"杨幂同款"的搜索词条不计其数,其街拍照、机场照、探班照等内容一经爆出,她身上穿的、肩上背的、日常用的,都会成为下一秒电商平台上的搜索热词。Michael Kors 就是依靠杨幂的明星流量,以"明星同款"的方式,走出轻奢品牌的低谷,迎来亚洲销售额增长。

相较于以前单纯的品牌代言,在抖音品牌与明星的合作方式更加灵活。

目前,明星以视频带货的方式主要有以下几种:

(1)Vlog纪实——明星用Vlog的方式,记录自己一天中的生活,品牌植入自然露出;

(2)开包视频——此类视频场景通常出现在明星工作间隙,采访者通过开包的方式,"揭秘"明星随身必备品,营造出"立刻购买明星同款"的视频效果;

(3)直播带货——明星通过开直播的方式,利用自身的信誉度,向粉丝直接推荐产品,达到营销效果。

@刘小溪刘小溪

开包记,暴露你的小心机!通勤、约会,我无限回购的就是这些宝贝!#精致的猪猪女孩

在部分一线城市中,明星的线下生活被很多商业项目合理运用。如上海某购物中心从试营业到正式开业的半年时间里,先后请众多国内外明星来到购物中心,为粉丝创造与明星偶遇的机会。

但对于更多的城市和人群来说,视频是粉丝了解明星生活的主要途径。特别是在短视频领域,品牌和明星找到了双方共赢的路径。

二、明星抖音号如何选

在抖音，伴随庞大明星阵容而来的是附着在明星周围的数亿粉丝群体，庞大的明星阵容所带来的粉丝社群传播效应不容忽视。众多的明星激活各自核心粉丝社群，辐射到抖音平台更广阔的外围用户，从而形成动辄数亿的用户触达效果，商演、品牌与明星的合作也上升到新高度。

线下，罗云熙、邓紫棋、汪苏泷、肖战、萧敬腾、关晓彤、娄艺潇、大张伟等嘉宾集结"2019年抖音美好奇妙夜·浙江卫视秋季盛典"等大型活动；线上，第一批入驻抖音的明星已然尝到了收获的果实。

"抖音正在引领第三次企业营销阵地迭代。"这是智能传播时代的前沿判断，也是品牌主迁徙的大势所趋。

博客时代的徐静蕾、双微时代的微博女王姚晨选择了第一时间拥抱新平台，并投入了很多精力去经营，最终收获了不错的效果——个人平台影响力和粉丝体量大幅提升。对媒介的敏锐感知，助力了她们的星途。

在短视频时代，技术流罗志祥、搞怪之王陈赫、"捧脸杀"迪丽热巴自成一派，依靠抖音平台庞大的流量，实现了自身商业价值的最大化打造。

但同时，越来越多的事实表明，即使是自身知名度很高的明星，也有可能在入驻一个平台后产生"水土不服"的情况。以抖音为例，抖音的明星爱DOU榜与微博明星超话榜可以说是天差地别，不是每个在微博上大火的明星，都能在抖音上获得同等待遇。如果该明星不符合抖音的社区调性，无论他在其他平台多么炙手可热，都可能在抖音上无人问津——明星在抖音的声量和粉丝实际影响力，很有可能与其本身的圈层地位不匹配。

那么品牌主在抖音选择合作明星时，需要注意哪些方面的问题呢？

（一）粉丝量级不必纠结

2000万以上的顶级头部明星账号相对较少，如迪丽热巴、陈赫、Angelababy等，1000万级左右的肩部账号也凤毛麟角，较多的明星账号集中在200万~500万左右。品牌媒介策略在粉丝量级的考量上，不必过于纠结。

其一，因抖音的智能分发机制，粉丝量虽能帮助发布后的视频度过冷启动期，推动视频进入更大的流量池，但这不是推动视频爆火的唯一原因——好的内容加上运营起到更为决定性作用；

其二，对于带货来说，"粉丝黏性"比"粉丝量"更有价值。粉丝黏性代表着粉丝对偶像的认同感，高黏性的粉丝群体行动力强，更容易接受偶像的安利，产生消费行为。

（二）内容需与平台适配

内容为王永远没错，明星抖音号一般会有专业团队运营。抖音的带货明星未必是大红大紫的一线明星，比如王祖蓝就通过适合社区调性的内容成为抖音带货明星。

他在抖音上树立了"宠老婆"的人设，又因为出产内容都是在生活场景，所以他的账号非常适合一些快消品的植入，生活化的场景加有趣的内容，再加上明星的公信力背书，产出爆款的概率大大提高。

三、品牌与明星的短视频营销合作方式

（一）单条抖音视频合作

品牌与明星就单条视频合作，本质上与投放时采买达人并无区别，但明星账号植入广告属于商业行为，因此在与明星合作前需要提前向抖音官方报备，防止因品牌植入而导致视频被限制流量甚至被下架。

单条视频合作这种方式能够提高与明星合作的性价比，但是要想充分发挥明星视频带货的作用，还需借助如下两种方法：

（1）追投DOU+——利用DOU+更精准地进行人群分类，将视频推送给对视频内容以及产品更感兴趣的人。

（2）购买抖音"星粉通"——星粉通是抖音推出的针对明星的曝光工具，它可为品牌主精准覆盖明星粉丝和潜在粉丝。视频由明星账号发布，无广告标签，和常规的原生内容一样进入推荐信息流，在购买时段100%触达粉丝。

这些流量助推工具利用明星的个人流量和信用背书提高品牌的感知度，真正实现"1+1>2"的效果。

（二）明星参与挑战赛

明星在挑战赛中一般扮演了"活动号召者""参赛示范者""产品推广者"的角色。挑战赛有明星的加入，可以吸引更多粉丝的关注。如国产化妆品品牌姬存希，在2019年7月第八季《中国好声音》开播时，作为官方唯一指定护肤品牌，借势在抖音发起了"#中国好声音"挑战赛，并同步上线璀璨贴纸，丰富挑战赛玩法。据悉，璀璨贴纸在上线期间使用次数了突破80万。截至2019年10月10日，该挑战赛的总播放次数已达28.2亿。

此次挑战赛上线，除了借助好声音热点，姬存希还邀请到了明星刘涛制作合拍视频，鼓励用户参与互动。抖音特有的双屏合拍功能有效拉动了用户对品牌内容的参与度，粉丝纷纷与刘涛同框合拍，提升了本次挑战赛的声量。

（三）明星助力企业实现品效合一实操指南

1. 王祖蓝带货除螨洗脸皂

王祖蓝带货除螨洗脸皂，是抖音上明星实现品效合一的经典案例，各项数据都非常亮眼。成功复刻该案例，可从以下3个步骤入手：

（1）筛选与产品契合度高的明星

品牌主需要认清一点——明星可以提高产品的关注度，但不是找了明星就一定能实现品效合一。只有选择与产品契合度高的明星并产出优质内容，才能实现真正意义上的共赢。

王祖蓝账号在抖音中打造的是非常讨喜的"宠老婆"人设，而且，他出产的内容都紧跟抖音热点，非常善于运用反转、一人分饰多角等创作技巧。通过生活化场景将观众代入情境，更自然地进行产品植入——产品与明星账号的气质高度契合是形成良好转化效果的第一步。

（2）针对产品卖点定制视频内容

在抖音上，明星视频中展现的产品卖点一定要简单清晰，并且卖点应尽量可视化、场景化。过多的卖点植入只会混淆观众的视听，令其无法在短视频的十几秒或几十秒内抓住重点，从而降低对产品的认知度，这样就失去了与明星合作的意义。

王祖蓝除螨皂视频的产品卖点定位就非常清晰。通过王祖蓝的演绎，观众接收到视频传递的"使用除螨皂＝解决皮肤痒"这一信息，戳中了部分用户的痛点。

另外，在剧情设置上，"柜姐"这一角色设置，让产品卖点的植入更加贴近生活，无形中向观众传达了产品的疗程周期信息，减少了观众对营销的抵触情绪。

（3）打好产品价格战

明星作为前端会吸引大流量进入店铺，想要留住消费者，最直接的办法就是把价格作为"压倒消费者的最后一根稻草"。很多情况下，消费者在看完视频后会产生冲动消费的心理，此时产品的价格若定得过高，或者无法让消费者感到"只有在这位明星视频的相关链接中，才能有最大优惠，现在买就赚了"，都会降低产品的转化率。所以，电商的定价策略、优惠券发放、价格机制，就显得尤为重要。

除螨皂定价时，打出了"拍一发二，拍二发四"的优惠牌，平均下来一块原价69元的除螨皂，真正到手不到23元，价格优势消除了消费者对"自己是否需要除螨皂"的疑虑。

这时我们再来看视频中通过"柜姐"传递给消费者的信息——四块皂一个疗程周期，视频信息与产品定价搭配，减少了消费者担心四块除螨皂用不完的顾虑。

2. 迪丽热巴《烈火如歌》宣传

2018年3月，为了宣传网剧《烈火如歌》，激活全民追剧的热潮，优酷联合抖音洞察到现代女性的"甜宠心理"，选取剧中典型桥段#捧脸杀#，吸引大家来抖音上演"宠溺时刻"。

执行策略主要分三步：

（1）明星参与挑战赛接力

剧中主角迪丽热巴亲自演绎"烈火如歌式捧脸杀"，配合重新设计的剧情桥段，击中用户的参与心理。随后，迪丽热巴又参与了#捧脸接力挑战赛#，吸引了更多用户的参与。

（2）平台黄金资源加持，实现用户触达路径全覆盖

为实现效果最大化，抖音提供了强曝光开屏、原生信息流、发现页 banner、发现页挑战话题置顶等资源，实现了用户触达路径全覆盖。

（3）利用简单易模仿的动作降低挑战赛门槛，实现病毒式扩散

自从迪丽热巴"炒红"了捧脸杀，迅速引起多位抖音明星以及红人的自发模仿和接力，热梗一度蔓延到海外平台。

每个女生都期望自己是集万千宠爱于一身的女主角，这也是"捧脸杀""壁咚"等甜宠动作能击中用户心理的原因。与抖音跨界共振，已成为电影、电视剧、综艺IP借势短视频宣发的大趋势。

3．陈赫等明星推阿迪达斯新品

2018年下半年，运动品牌阿迪达斯推出了全新ZNE3.0系列，需要一些活跃度较高的明星及达人帮忙"带货"。此次品牌与明星双方在"粉丝营销"方面的合作，也为其他品牌提供了参考。

当年9月，阿迪达斯发起#耐撕挑战赛，号召"生活压力这么大，当

然要做一个耐撕的人！撕开无聊，秀脑洞！Have a 耐撕（nice） day！"

活动内容为：使用指定主题贴纸、主题音乐，加#耐撕（标签）拍摄你想撕啥就撕啥的视频，点赞数最高和最有创意的前6名可获得最新款的阿迪达斯 ZNE3.0 系列限量套装，前7~27名将获得定制飘带挂饰。

此次"粉丝营销"活动中，阿迪达斯运用了3种方法：

（1）卖点可视化：阿迪达斯将"随手一撕就能把外套脱掉"作为推广ZNE3.0系列限量套装的卖点，发挥抖音短视频平台在娱乐方面的优势，通过谐音将"耐撕"与"nice"绑定，鼓励潮人发挥想象力创作原生视频；

（2）明星定制化："耐撕"一词最早广泛用于《跑男》的"撕名牌环节"中。阿迪达斯在发起此次挑战赛时，重点选用了跑男团队的核心人物 Angelababy、陈赫、郑凯，通过明星定制化视频博得更多粉丝好感；

（3）品牌娱乐化：示范视频中，宁泽涛身穿阿迪达斯 ZNE3.0 系列限量套装，在入水游泳前用耍酷的方式"撕"掉身上的运动服，营造出"穿阿迪达斯衣服=耍酷首选"的认知。

除邀请到跑男团队的核心成员外，阿迪达斯还邀请了因出演电视剧《香蜜沉沉烬如霜》而爆火的邓伦发布挑战邀约视频，迅速引爆粉丝参与热情。

同时，品牌方还通过达人引导圈层用户参与互动。阿迪达斯挑选了一批符合品牌调性的达人，包括@金九粒、@颜如晶、@大王、@罗西等发出创意挑战视频，引导不同圈层用户参与互动，激发抖音全站用户的创作热情。

@.羊羊羊

知道我的秘密武器是什么吗？
#耐撕

保存图片到相册 →
打开抖音立即看到

然后，品牌方通过搭建黄金传播（品牌＋明星超级广告）矩阵，立体引爆内容。借助短视频、海报等手段实现海量覆盖用户后，阿迪达斯通过聚合外部社交平台资源全方位引爆活动内容，形成跨平台联动影响力。

最后，线上和线下引流双管齐下。线上联动阿迪达斯天猫、京东旗舰店，线下联合各地门店一同发起"#耐撕"挑战赛，持续提升热度。

截至2018年年底，#耐撕挑战赛的播放量超过28.5亿，阿迪达斯这波"粉丝营销"成功实现了品牌效应最大化。

第四节 经费配置预算方案

一、月度预算10万元怎么玩抖音

品牌主如果在抖音的月度推广费用只有10万元，希望少花钱多办事，发力官抖运维是个不错的突破点。企业官抖作为品牌入驻抖音的主阵地，平台对其开放了大量营销权限，用户管理、评论管理、商家页面、产品转化页、电话拨打组件等，都可以用来为流量赋能。

每月 10 万元的预算已经可以在市场上找到能力尚佳的抖音代运营团队，但效果能不能达到预期，起伏比较大。

代运营是典型的"重模式"，沟通成本高、制作成本高、修改成本高。传统 TVC 广告片一个月出街就算高效，而官抖代运营视频 3 天就要出片，相比传统 TVC，制作环节一个没少，但时间被极大压缩。

对于多数乙方，代运营处于"食之无味，弃之可惜"的境地，编导、摄像、剪辑师一个都不能少，有了制作团队，还需要演员；有了演员还需要有场景，办公室、卧室、咖啡馆……穿什么衣服？用什么道具？麻雀虽小五脏俱全，这样算下来，超预算的可能性极大。

甲方层级多，每个层级提些意见，3 天完成的片子，做 6 天上线，成本超了；服装不行，道具不行，剧情不行，成本控制的压力极大。经过折腾如果幸运出来片子，甲方一致满意，品牌露出有了，理念、调性有了，什么都有了，但结果很可能就是没流量，用户不买账。这还只是内容部分的问题，不包括数据分析、用户管理、营销转化组件的搭配应用。

代运营这种模式的"重"对甲方也是一样，脚本要审改、视频要审改。多数情况下，这种审改还是多层级、民主制的，内部沟通成本很高。究其根本，文无第一武无第二，视频好坏本身不存在绝对意义上的标准答案，大多比较主观，谁都能说两句，而且可能还说得头头是道。

从市场看，代运营团队只能解决官抖短视频的供给问题，是发动机；但无法解决什么时候轻点刹车来配合转向，什么时候松油门来均匀降速等微妙问题,更无法解决目的地设定等方向问题。在官抖和代运营团队之间,要有强有力的"操刀人",他需要拥有更系统的认知、强劲的洞察与执行力,需要清楚地思考官抖在品牌传播矩阵中承载什么使命?定位是什么?需求解决方案是什么?

目前来说,多数企业官抖处于休克状态,实现品牌赋能的少,流量转化更是遥不可及。

草蛇灰线,浮脉千里。很多企业官抖的失败在起点已埋下伏笔,故事的开始就缺少策略思考和定位。问题的源头可以追溯到市场部的品牌传播策略、市场解决方案。很多情况是,市场部/品牌部根本就没有明确的市场解决方案,常常陷入拿目标和决心来替代策略,套路地做着各种规范动作,开双微、开官抖、合作 KOL……同时,官抖大多被赋予提升品牌可见度、知名度的任务,更多的曝光、更低的 CPM 成本成为追求目标,"10w+"的追捧传统被继承下来。

这种传统导致一些品牌陷入"流量迷信症",严重者甚至出现"流量绑架品牌"的情况。

比如某品牌,产品定位是功能型饮料,品牌强调拼搏、奋斗、充满能量,日常赞助也是以体育赛事居多,但其开通官抖后,账号发布内容却多为幽默搞笑视频。这迎合了抖音用户娱乐的诉求,收获了一些流量,但这种流量对品牌形象的价值贡献是值得商榷的。

同时,当流量成为官抖的核心诉求时,"变形记"也随之发生。

对一些决策门槛较低的产品,消费者越熟悉越喜欢,是典型的"纯粹接触效应"。大量的曝光直接带动很多产品销售,快销品尤其如此,所以流量对于快销品至关重要。

但对于另外一些产品,单纯地增加曝光展示、加大流量并不会有转化效果。简单来说,你可能因为每天看到某品牌的饮料广告,买一杯饮料;也可能因为常看到某薯片广告,在超市优选该薯片;但你会因为每天看到某汽车广告,在买车时就决定买这辆车吗?会因为常看到某楼盘广告,换房时优先考虑该楼盘吗?

究其原因，在与产品相关的理解、动机、信任等问题未得到解决前，再多的流量曝光、产品展示，都收效甚微。

官抖最大的使用价值，并不在于低成本获取流量。它更适合用来解决产品关键性的认知、理解、信任等问题。如果按照大卫·艾克对品牌价值四段论的划分来看，官抖更适合承载的是"品牌联想"。

"品牌联想"的核心问题是，希望用户在想起或使用产品时，有什么样的关联想象和认知。从内容形式上，一般习惯用品牌故事来解决。简单讲，就是产品在什么故事场景下，扮演什么角色。比如上面提到的某功能型饮料，为什么大力赞助体育赛事？其核心诉求就是希望大家消费该饮料时，联想起的是足球、赛车，是激情、拼搏、正能量。同理，落地到官抖运营，落地到一条条视频就需要思考：如何让用户看完视频后，激活、强化的是上述关联想象和情绪，而非用流量获取的战术需求，来否定品牌定位的战略要求。

官抖塑造品牌认知、联想是一个复杂命题，牵扯到无数的细节。但无疑，在账号开设之初，只有瞄准的靶心是准确的才能事半功倍。

开设一个官抖账号之初，我们需要思考，官抖如何长期性地为用户提供价值，让用户形成依赖。

如果希望用户形成知识上的依赖，就要做知识型账号，主打"有用"。比如，几乎所有手机生产商都在强调自己的拍摄功能如何强大，手机生产商账号就可以不断输出知识，跟用户交流如何"用手机把照片拍到极致"；在这个过程中，为了进一步贴近用户，可以对摄影知识进行场景化落地。比如说，如何把日常生活中的女朋友拍得更美，如何在十一旅行中把女朋友拍漂亮，如何在江南小镇的映衬下，拍好夜色中的女友……在这个过程中，我们可以根据数据反馈，不断寻找用户痛点，更新选题。

如果感觉自己的产品不适合"有用"，很难塑造知识依赖，则可以主攻情感依赖，输出"有情"的视频，追求激起用户最大的情感共鸣。可以用建立情境连接的方式来激发用户"共情"，如最近流行的抖音逆袭剧、逆袭前男友、逆袭心机同事、逆袭奇葩闺蜜……太阳底下无新事，"逆袭""打脸"的模式近几年在互联网上大行其道，堪称网络小说、网络电影的标配动作，到了抖音也是火成一条赛道，用户用脚投票证明了其顽强的生命力。

引发情感共鸣的路径之一，是找到用户记忆中有哪些被打击的场景，比如被误解、被歧视等，然后在这些被打击的场景中提供帮助。可以通过一些视频方式，比如情景剧、Vlog 等，来告诉用户"你是对的""他们是错的""我来替你 DISS 他们""你能行，你是最棒的"……

总体看，官抖更适合用来强化品牌整体定位，提升品牌认知和品牌联想；在官抖上单维度追求"10w+"以及更高的品牌可见度，并不划算；从抖音内容审核和流量分发看，强品牌露出视频很难获得大流量，进而导致 ROI 较低。

每月 10 万元的投入做官抖，做得好完全有可能实现品牌层面的以小搏大。成败的核心在于，需要拿出一些时间来凝练战略思想，来思考资源分配、媒体策略、内容策略，并在执行过程中，不断调适完善。

二、月度预算 30 万元怎么玩抖音

强调自己优秀是广告，影响品类消费的考量因素才是内容营销的奥妙所在。

抖音营销月度预算 30 万元，看起来是不少了，但如果手松些，是很不耐花的。一场 240 万元的挑战赛就不要想了，千万元级的共创大赛也是遥不可及。俯下身子，仔细去研究抖音的产品逻辑才是重中之重。

30 万元已经到达开启抖音达人营销的门槛。

抖音上达人有数万人，从内容赛道看，有萌宠、美妆、旅行、舞蹈、音乐等 30 多个垂类，个人价值千差万别。从广告投放维度看，人们习惯拿流量来衡量各个渠道的价值，一个重要指标就是 CPM（千次曝光成本）。目前抖音数万达人的 CPM 从几十元到几百元不等，弹性极大，从平均值看其报价也远高于抖音信息流广告。那么，为什么还会有如此多的品牌依然对抖音达人情有独钟？市场是公平的，供求关系反应的是隐藏在达人背后流量+的价值。

一般来说，达人的价值包括：流量价值、情感唤醒价值、圈层制导价值、品牌价值。

达人视频发布后，根据算法会被放入一级流量池，这个流量池中既有已关注达人的粉丝用户，也有尚未关注但兴趣匹配的普通用户。如果赞评转、完播率等数据表现都比较好，则进入二级流量池，由此，视频的观看用户不断增长，直到 72 小时后基本稳定下来。这条视频中如果植入了广告信息，有产品和品牌露出，则可以视为流量带来了曝光价值。

对于大宗产品来说，大流量并不能直接带来大销量；但如果产品具有低消费门槛、娱乐属性，单纯的流量就能带来很大的销量，比如游戏、薯片、辣条等就是通过大量曝光可以提升销量的产品。这也是为什么 PC 时代我们常看到"热血传奇"这类游戏在各大流量入口铺天盖地的曝光，而在移动时代，抖音上也会常常刷到明星代言的"传奇"类游戏。开局不收费，零消费门槛加之娱乐属性，使得大流量可以快速提升下载量，无怪乎手游成为移动广告投放的大金主。

达人流量的另一价值是帮助成熟品牌强化品牌定位，不断进行品牌提醒，这点比较适合有明确定位的快销品。

情感唤醒价值，简单来说有三个阶段，唤起认知、唤醒情绪、召唤欲望。以往的广告套路是刺激用户需求（比如你应该有一支电动牙刷），然后用自己的产品来满足这个需求。通常而言，传统广告模式的这种刺激更多是理性需求的刺激（比如传统牙刷刷牙不彻底），但在情绪和欲望的唤醒上比较弱。

而当下抖音达人中火箭般崛起的逆袭/爽剧模式，本质上则达到了唤起认知、唤醒情绪、召唤欲望的三合一，不仅播放量暴涨，因为强烈的情绪和欲望驱动，也催生了销售奇迹。

拆解来看，路径上必须做到 3 点——场景共鸣、即时反馈、反差强烈。找到一个大众记忆中常见的被打击的场景，比如遇见前男友被其讽刺，参加同学会、同事聚餐被鄙视了等（场景共鸣），在剧情设计上在 10 秒内必须反击（即时反馈），有仇必报，逆袭打脸打得越响，"爽感"越强（反差强烈）。

这种方法，偶尔在一些 TVC（商业电视广告）、广告文案中有所涉及，但因为在公共媒体传播，顾及"体面"，常常药量不足，事倍功半（这与媒介属性、消费行为也有很大关系，后文会提及）。大量投放案例证明，抖音达人这种"爽剧"模式，更容易激发用户感性思维，丧失价格锚（不再"货比三家"），从而导致冲动消费。

传统广告喜欢四段论，提出问题、展示产品、功能演示、呈现结果。比如传统洗衣粉广告：孩子衣服脏了怎么办（提出问题）？别慌，有某某（展示产品），它可以快速洗白……（功能演示），衣服快速恢复洁净还有清香，白衣飘飘……（呈现结果）。这类 TVC 建立了场景，介绍了产品功能，更多偏向认知层面，但并没有引起强烈情绪和欲望波动。究其原因，跟传播媒介的性质有很大关系。TVC 在电视机上播放，从看到广告到去线下商超购买，路径和时间很长。即便引发了强烈的情绪和欲望，这种刺激也难以持续，转念就会快速消退，等到消费者有机会在商场选购产品时，情绪和欲望已经荡然无存。这种媒介环境下，不断对产品认知进行重复，强化产品和品牌记忆才是最佳选择。

而在抖音，基于电商购买链路的打通，10 秒钟的快速购买成为可能。这种情况下，适应环境变化，把广告信息的侧重点放到激起受众情绪和欲望层面，无疑更有利。需要注意的有两点，一是基于"抗体"，需要不断创新、加大药量；二是这种冲动消费很难带动消费决策门槛比较高的物品，比如单价 200 元以上的产品。

剧情达人的带货能力，以产品认知为基础，更多基于情绪和欲望的刺激；而对于一些纯粹种草的带货达人，向粉丝不断推荐各类产品更多是基于销售能力和圈层制导价值。当然很多种草带货达人拥有一定粉丝量级后，会提升自己在上游产品端的议价能力，往往可以拿到更低的价格带给粉丝实惠，这时候的达人其实更接近一位"买手"，提供的除了感性价值还有实实在在的优惠。

达人圈层制导的价值属性，在"制造流行"方面得到了极大释放。在较早版本的抖音中，有些达人的视频会被平台打上"精选"标签，加量推送给更多人。一方面平台希望借助优质达人提升平台内容调性，另一方面也希望借助达人产出的内容，引导粉丝和普通用户来模仿、响应，进而形成潮流。这就是为什么抖音总会波浪式涌现出各种"流行文化"，这背后是基于达人模仿和号召力的强运营，我们可以将这种模式称为"制造流行"。

品牌主要想借助达人的圈层制导价值"制造流行"，需要有比较强的投放策略。在投放上，可以选用粉丝画像重叠的多位达人，然后通过DOU+等流量工具，将达人视频定向推送到彼此的粉丝群体中，通过对同一用户群的叠加覆盖、多频触达，在该群体认知中实现"这就是流行"的效果。策略核心在于，利用个体的信息茧房和抖音流量逻辑，集中资源，单点突破。抖音流量分发不同于微信、微博，依靠达人视频很难实现粉丝群体全覆盖，因此达人视频上传后，建议采购平台流量，对视频进行二次"定向分发"，用"组合拳"查漏补缺。

达人的品牌价值，其实就是品牌主借助达人在抖音社区内已形成的心智定位+信任背书，来实现自身的品牌建立，进而带动销量。目前国内产品端整体产能过剩，大量商品销售不畅，很大程度是由于缺乏差异化、缺乏品牌力。这种差异化不是指自身产品的差异化，更多是在用户心智中没有实现差异化。差异化不是厂家自己觉得"我的产品特点跟其他家不一样，比如……"；而是消费者心智中是否觉得你和其他家有区别。比如，沃尔沃等于行车"安全"，这就是经过大量品牌工作后，消费者对沃尔沃形成的差异化认知。通过和一些达人的深度合作，我们可以借助达人在粉丝群体中已经形成的心智定位和信任背书来推广自己的产品。

从心智定位来说，如果我们所处的是服饰、快销等产能过剩行业，大家产品功能高度近似，其实很难在万千产品中找到差异化定位，找到了也很难推广出去。那么这种情况就适合寻找一些抖音上已经形成用户差异化心智认知的达人或明星，进行深度合作，助力品牌认知。

从信任背书来讲，在信息不对称的行业，比如医疗美容、母婴教育等，如果我们可以借力一些被大众信任的个人品牌，会更容易击败竞争对手。这一点，抖音上一些明星或者垂直赛道的达人更合适，他们信任背书的能力更强。当然，并非所有垂直赛道达人都可以信用背书，也不是所有产品都需要信用背书，可乐、薯片等快消品需要的不是信用背书，而是此前提及的模仿和号召。信用背书更多发生在信息不对称的领域，或是一些试错成本较高的新产品领域。在该领域，如果一位达人的成功是基于用户的"知识依赖"，那么他就具备在该领域提供信任背书的能力，本质上也更近乎一位"关键意见领袖"。

　　月度 30 万元预算如果使用得当，已经可以事半功倍地在抖音上传播一个品牌。核心在于了解抖音生态，了解自己。一个常见的问题是："我们是卖某某产品的，你觉得我们适合什么达人，什么样的内容？"多数情况下，这需要清楚地知道品牌的市场竞争策略，用什么样的方法来应对竞争、吸引顾客；需要知道为了推行这样的策略，希望自己的品牌在消费者心中形成什么样的认知。

　　拿上面提及的沃尔沃举例，如果沃尔沃自身产品设计的优势在于"行车安全"，就会选择教育用户，安全是购买一辆车最重要的因素，而不是"性价比、省油、耐用、大气"；同理，如果一辆车的越野性能非常优秀，就可以教育用户"汽车通过性"才是购买一辆车的首选因素，诗和远方最重要……用户教育的核心不在于强调自己优秀，而在于强调自己的优势项是选择该类商品最重要的考量因素。

　　强调自己优秀是广告，影响品类消费的考量因素才是内容营销奥妙所在。

　　确定战略层的市场解决方案之后，才能确定达人的投放策略和表达层的内容策略。如果主打安全主题，可以选择测评类达人，如果主打越野主题，则适合旅行类达人；可行的内容策略是，致力于如何让本产品的优势环节成为该品类消费的首要考量因素。

很多时候，合作达人的选择并不仅仅意味着考量单次流量甚至销量，更重要的是思考如何通过达人合作来改变竞争环境，迭代或影响用户认知，将竞争的焦点转移到自己的优势环节，凭借自己的优势击败对手。这才是我们寻求达人合作，进行内容营销的根本性价值。

三、月度预算 100 万元以上怎么玩抖音

抖音营销月度预算 100 万元以上，足以支撑一个小品牌实现在抖音上从无到有，也可以使一个成熟品牌在抖音强化存在感。

这个时候我们手里的牌有竞价广告、信息流广告、达人、官抖……基本涵盖抖音所有的商业化产品。之所以到百万元预算才涉足硬广（信息流+竞价），是因为硬广这种媒介需要饱和投放。硬广的优势是可以完整传递品牌/产品信息，快速触达用户，但对用户属于非选择性观看，强制性、干扰度较高，这使得硬广快速建立起来的广告效果也可能在短时间内快速下降。因此，必须不断重复、高频触达用户，维持记忆。这就使得硬广形成了最低投放量的门槛。

从价值上看，抖音上高强度硬广投放是很多行业营销的必选项，比如快消品、手游。以快消品行业为例，品牌选择伴随消费者的每一次购买行为发生，重复购买率高，意味着品牌经常面临被选择的机会和不被选择的危机，因此需要较高的广告接触频次强化被选择的机会，降低不被选择的危机。

整体看，百万元量级预算的投放需要全局性投放策略。可以从源头来思考，一个品牌初入抖音社区，第一步，需要让别人认识我；第二步，知道我是做什么的，有什么优点；第三步，希望社区的人可以认可我，接受我。简单说，就是被认识、被认知、被认可的三部曲需求。

常常见面才能被认识，从媒介选择上，我们需要一种载体，在有限预算下实现品牌/产品和用户的"高频接触"，提升品牌的"熟悉度"。基于这个需求，我们可以选择 CPM/CPC 成本最低的竞价广告来投放，保证我们日常的品牌声量，长线铺设品牌曝光。但竞价广告竞标的是抖音 3.2 亿日活用户的长尾流量，导致在一些营销关键节点会出现流量不足。

流量去哪了？优先给了品牌信息流广告。假设品牌主做了半年竞价广告，品牌知名度有了，品牌忠诚还谈不上，结果618大促，竞价拿不到流量，品牌突然消失了10天，起个大早，赶个晚集。关键节点要有关键动作，在媒介选择上，需要一种载体，可以在营销节点前加强接触，深化品牌认知，影响消费决策。这时候，可以保量供给、广告位置更靠前的品牌信息流广告就是必选项了。

最后，品牌虽然跟大家认识了、被了解了，但如果不被认可，终究是镜花水月。所以品牌需要一种载体，可以实现"社区背书"，让社区用户快速认可（这跟"介绍人"类似）。谁可以做"介绍人"？抖音达人可以帮助品牌提升社区认可度。抖音达人产出的视频还可以拿去做竞价投放的素材，资源复用；通过竞价系统进行的AB测试，来调试后面的达人内容。但达人的劣势在于CPM、CPC成本整体较高，起伏较大。

月度100万+，年度1200万+的长线投放，如果希望有所得，小步快跑、不断迭代的组合拳策略就比较重要了。竞价广告不仅要承担日常低成本曝光的任务，还需要承担为品牌信息流和达人投放进行数据指导的使命。

第四章　品效合一：品牌营销终极目的

为了保证既让更多人看到（流量获取），又控制流量成本（CPM），竞价广告需要创建多种计划进行测试，赛马跑出优质计划后，还需要不断对人群标签、出价、时段、文案等进行效果优化，并由此提取出经验进行复制，用于创建新的优质投放计划。基于不断测试和迭代的玩法，在竞价的闭环内，可以对品牌广告的视频、达人发布的视频进行测试、指引，分析出哪些内容模型和视频更受欢迎。当然这是一项极复杂的工作，需要考虑对谁传播、什么时间投放、投放的临界点在哪等因素。

达人投放也可以采取赛马机制。如果 10 位达人同时发布视频，可以选出赞粉比等数据表现最优质的一位，采买官方流量追加投放。官方广告流量工具，体系庞大种类繁多，但对于达人的内容营销而言，第一选择一定是"DOU+"。区别于其他产品，该产品最大优势是推送视频不带"广告"二字，可以延续达人"社区背书"的势能、CTR 高、互动率高。

当然，月度预算 100 万元以上除了常规的品牌动作，已经可以支撑广告主在新品上市等重要节点做一场全国挑战赛或者超级话题。

大节点要有大动作，挑战赛/超级话题这种互动产品是抖音独有的王牌营销模式，覆盖了抖音开屏、话题聚合、信息流等流量入口，借力明星/达人，融合话题、BGM 等玩法，并以购物车、Link 等功能组件助力转化，为品牌主的节点推广或常规造势提供支持。

挑战赛作为以互动为核心、多方参与的营销活动，与传统硬广有着较大差异，本质属于内容营销的范畴。核心在通过话题、BGM 等因素撬动更多用户参与其中，从而达到品牌曝光、消费者互动等复合目的。

一场挑战赛的成功，恰当的话题至关重要。话题名称、玩法说明作为挑战赛/超级话题的灵魂，是品牌主集中向外曝光品牌信息最重要的载体，也是用户发现挑战赛背后品牌信息的最前端。数据显示，2019 年上半年 36% 的广告主选择了理念类话题，希望在挑战赛中更加明确地向用户传达品牌理念及价值观；有 22% 的广告主选择产品类话题，希望向用户传达产品功能点。由此可见，更多广告主希望话题能够与品牌有明显关联。但这类强品牌关联的话题，撬动用户相对较少、势能较低；而借助特殊时间节点或原生流行语，则能够更快地吸引平台用户的关注。当然，品牌在其中的存在感，也有被过度稀释的风险。对于挑战赛/超级话题这类互动产品来说，品牌主如何更好地平衡品牌关联、传播范围的跷跷板，需要根据自己的市场策略来综合考量。

总体而言，百万元以上预算基本涵盖抖音全系产品，需要我们对硬广+内容营销两大体系相当熟悉，善用组合拳，形成 1+1>2 的效果。

只有清楚抖音全系产品的内在逻辑，心中既有战局全貌，又得刀剑相逢的细节，才能轻松、高效驾驭百万元量级投放。